D1693492

Veröffentlichungen des Städtischen Museums Schleswig
Band 3

Reimer Möller · Holger Rüdel

SCHLESWIG 1945–1968

Von der „Stunde Null"
zu den „wilden Sechzigern"

Eine Fotodokumentation

Husum

Titelbild: Werbefoto der Firma Sport-Renz, um 1955

CIP-Titelaufnahme der Deutschen Bibliothek

[Schleswig neunzehnhundertfünfundvierzig bis neunzehnhundertachtundsechzig]
Schleswig 1945 – 1968 : von der „Stunde Null" zu den „wilden Sechzigern"; eine Fotodokumentation / Reimer Möller ; Holger Rüdel. – Husum : Husum Druck- u. Verlagsges., 1989
   (Veröffentlichungen des Städtischen Museums Schleswig ; Bd. 3)
   ISBN 3-88042-466-7
NE: Möller, Reimer [Hrsg.]; Städtisches Museum ‹Schleswig›:
   Veröffentlichungen des Städtischen ...

© 1989 by Husum Druck- und Verlagsgesellschaft mbH u. Co. KG, Husum
Satz: Fotosatz Husum GmbH
Druck und Verarbeitung: Husum Druck- und Verlagsgesellschaft
Postfach 1480, D-2250 Husum
ISBN 3-88042-466-7

Vorwort

„Fotografie", schrieb der bekannte französische Bildjournalist Henri Cartier-Bresson einmal, „ist eine intuitive Ausdrucksmöglichkeit hier und jetzt – eine Gelegenheit, in die Realität der Gegenwart einzutauchen. Sie ist ein Versuch herauszufinden, was das Leben ist ... Für mich ist die Kamera eine Art Magnet. Man kann die ganze Welt in diesem kleinen Kasten einfangen, mit all den bedeutsamen Einzelheiten, die sich zum Ganzen des Lebens zusammenfügen."
Eindringlicher läßt sich die dokumentarische Macht der Fotografie kaum beschreiben, ihre Fähigkeit, den entscheidenden Augenblick zu bewahren, Fragmente der Geschichte, menschliche Gesichter und Gefühle, Ansichten von Gegenständen und Gebäuden. Auch im 150. Jahr ihres Bestehens ist die Fotografie noch ein junges, zukunftsträchtiges Medium. So lag es nahe, die Geschichte der Stadt Schleswig in der Nachkriegszeit im Spiegel der Fotografie zu dokumentieren – in einem Bildband, der als Begleitpublikation zu einer Sonderausstellung des Städtischen Museums über diese Epoche erscheint.
Ereignisse aus Politik und Kultur, spektakuläre und alltägliche Szenen, Bilder aus dem öffentlichen und privaten Leben sind in diesem Band vereint. Einzeln mag der Aussagewert mancher der 163 Fotos gering sein, doch in der Gesamtschau betrachtet, fügen sie sich zu einem eindrucksvollen Panorama, das entscheidende Stationen im Leben der Stadt und ihrer Bewohner in den zwei Jahrzehnten nach 1945 festhält.
Zwei Schleswiger Fotografennamen prägen dieses Buch: Dohse und Nagel. Ohne ihre Arbeiten wäre die Publikation nicht zustande gekommen.
Adolf Dohse, 1913 in Glücksburg geboren, wurde nach dem Besuch der Domschule 1931 Berufssoldat und nahm als Offizier am Zweiten Weltkrieg teil. Das Kriegsende zwang Dohse zu einer beruflichen Neuorientierung: Autodidaktisch erlernte er das Fotografenhandwerk und absolvierte 1951 die Gesellenprüfung. 1955 legte er die Meisterprüfung ab. Als freiberuflicher Fotograf arbeitete er trotz seiner Körperbehinderung – er hatte im Krieg ein Bein verloren – auf allen fotografischen Schauplätzen: Presseaufnahmen für die „Schleswiger Nachrichten", Werbefotos, Porträts, Sportreportagen und Industriefotografie. Dohse, der hauptsächlich im Mittelformat-Bereich fotografierte, hatte einen Blick für das Wesentliche und bemühte sich, alle störenden Details durch die Bildkomposition oder Aufnahmetechnik konsequent auszublenden. Dadurch gewannen insbesondere seine Industriefotos und Personenporträts seit etwa 1955 eine eigene sachlich-kühle Handschrift, die seine Bilder unverwechselbar macht. Mit seinen besten Leistungen auf dem Gebiet der arrangierten Gruppenfotos wie der 1959 entstandenen Aufnahme der vier Logenmitglieder (Bild Nr. 73) erinnert Dohse an die Sozialporträts des Fotografen August Sander (1876–1964), der zu den bedeutendsten deutschen Lichtbildnern dieses Jahrhunderts zählt.
Dohse war bis 1968 als Berufsfotograf in Schleswig tätig. Er starb 1985. Sein fotografischer Nachlaß blieb leider nicht vollständig erhalten. Immerhin konnte das Städtische Museum 1988 aus dem Restnachlaß einen größeren Bestand an Negativen erwerben, die überwiegend aus den 50er Jahren stammten und sich als wertvolles Material vor allem zur Illustration der Ära des „Wirtschaftswunders" erwiesen.
Als sich Adolf Dohse 1955 aus der Berichterstattung für die „Schleswiger Nachrichten" zurückzog, suchte die Zeitung Ersatz. Das war die Chance für das Fotografenehepaar Eva und Volker Nagel. Beide hatten – ähnlich wie ihr Kollege Dohse – als Autodidakten das Fotografieren und

die Labortechnik erlernt und begannen jetzt, nebenberuflich (Volker Nagel) bzw. freiberuflich (Eva Nagel) für die Lokalredaktion, später auch für andere Blätter zu arbeiten. Nach einigen Jahren zog sich Volker Nagel aus dem aufreibenden Geschäft des Fotoreporters weitgehend zurück und überließ seiner Frau das Feld. Noch heute ist Eva Nagel als Pressefotografin in Schleswig tätig.

Aus einem kaum noch überschaubaren Fundus von etwa 30000 Aufnahmen des Ehepaares Nagel, alle im Kleinbildformat, wurden für diesen Band 64 Bilder ausgewählt, die hauptsächlich in den 60er Jahren entstanden sind. Sie alle belegen das Geschick der beiden Fotografen für das situationssichere, schnörkellose Pressefoto.

Die Zusammenstellung des Bildmaterials erfolgte im wesentlichen in chronologischer Reihenfolge. Dieses Gliederungsprinzip mußte aber zurücktreten, wenn sich aus thematischen oder gestalterischen Gründen eine Gegenüberstellung zeitlich weit auseinanderliegender Motive anbot.

Als Anhang enthält der Bildband eine Stadtchronik der Jahre 1963 bis 1968, die auf der Grundlage einer Auswertung des Lokalteils der „Schleswiger Nachrichten" zusammengestellt wurde. Auf die Aufnahme der Jahre 1945 bis 1962 in die Chronik haben wir bewußt verzichtet, weil dieser Zeitraum durch die 1987 erschienene Veröffentlichung von Theo Christiansen „Schleswig und die Schleswiger 1945–1962" bereits hinreichend dokumentiert ist.

Nicht immer ließen sich die in der Chronik erwähnten Ereignisse exakt datieren. Die Vergangenheitsform deutet jeweils an, daß es sich um einen zurückliegenden Vorgang handelt, während sich das Datum der Notiz auf den Erscheinungstag der betreffenden Zeitungsausgabe bezieht.

Unser Dank gilt abschließend allen, die zum Gelingen der Publikation beigetragen haben. Besonderer Dank gebührt den Bildautoren und den Leihgebern der Fotos.

Kirsten Kohbarg erledigte die Reproduktions- und Laborarbeiten, die Manuskripte fertigte Kerstin Schade. Die Zeitungsrecherchen im Stadtarchiv übernahm Frank Hardege. Bildzusammenstellung und Bildbetextung besorgte der Verfasser dieser Zeilen.

Der Husum Druck- und Verlagsgesellschaft danken wir für die engagierte Betreuung dieser Publikation.

Holger Rüdel

Reimer Möller

Anmerkungen zur politischen, wirtschaftlichen und kulturellen Entwicklung Schleswigs von 1945 bis 1968

Kapitulation und „Stunde Null"

Obwohl angesichts der Kriegslage sinnlos, wurde Schleswig noch am 27. April 1945 zur militärischen Verteidigung vorbereitet. Der „Volkssturm" aus Jugendlichen und älteren Männern errichtete Panzersperren auf der Husumer und Flensburger Landstraße sowie bei Busdorf und bei St. Jürgen. Drei Tage später beging Hitler Selbstmord, und am 5. Mai 1945, morgens um 8.00 Uhr, kapitulierte die Wehrmacht in Norddeutschland. Zwei Stunden später trafen die ersten britischen Soldaten ein.

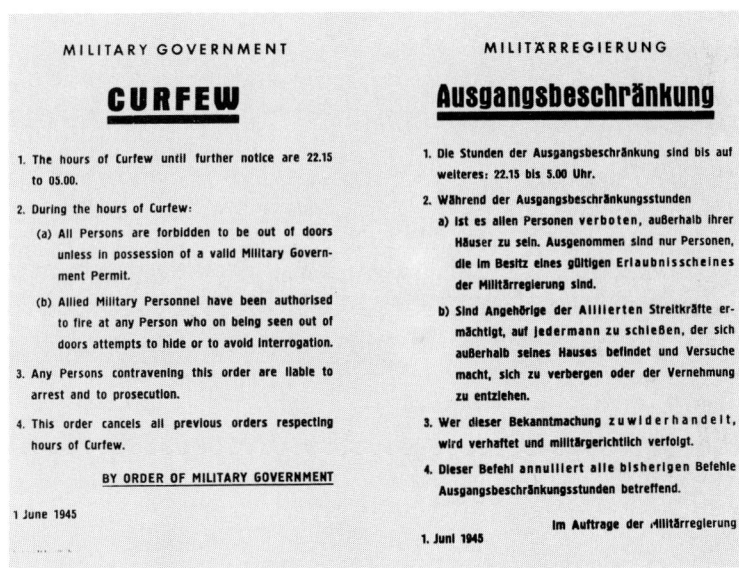

Plakat, 1945

Die Reaktion der vielen nach Schleswig deportierten, diskriminierten und ausgebeuteten Ausländer auf den Sieg war überraschend maßvoll. Im Kriegsgefangenenlager Hesterberg (Stalag Xa) fand eine Siegesfeier statt, anschließend zogen die ehemaligen Kriegsgefangenen, „Ostarbeiter" und „Zivilpolen" bewaffnet in einem Demonstrationszug durch die Stadt. Die Schleswiger Bevölkerung war wegen des Auftretens der Deutschen als Herrenmenschen während der NS-Herrschaft auf schwerwiegende Racheakte gefaßt. Die befreiten Ausländer beschränkten sich aber darauf, einige Schleswiger zur Herausgabe von Lebens- und Genußmitteln sowie Fahrrädern zu zwingen.

Für die Besatzungstruppen mußten zahlreiche Villen und Wohnungen, die Turnhalle in der Bellmannstraße, die Höhere Landwirtschaftsschule, Ravens Hotel und das Capitol-Kino geräumt werden. Außerdem bezogen die Engländer den Seefliegerhorst, die „Strandhalle" und die Bootsschuppen am Schleiufer. Mit Eingriffen hielten sich die Briten zunächst zurück und ließen Behörden, Institutionen und Betriebe im wesentlichen unangetastet weiterarbeiten. Die Polizei beispielsweise zog sich nur vom 8. bis 11. Mai 1945 aus der Öffentlichkeit zurück. Danach wurden der Streifendienst, die Verkehrsregelung sowie die Bewachung der Proviant- und

> **Military Government – Germany**
>
> **NOTICE.**
>
> The Birthday of H. M. KING GEORGE VI. of Great Britain on Saturday 2. June 1945 will be celebrated throughout Kreis Schleswig as a Public Holiday.
>
> By Order of
> MILITARY GOVERNMENT

> **Militärregierung – Deutschland**
>
> Der Geburtstag seiner Majestät des Königs GEORG VI. von England am Sonnabend den 2. Juni 1945 wird im Kreise Schleswig als öffentlicher Feiertag begangen.
>
> Befehl der
> MILITÄRREGIERUNG

Plakat, 1945

Ausrüstungslager wie bisher versehen. Personelle Änderungen gab es zunächst nicht. Vorübergehend wurden den Polizisten die Schußwaffen abgenommen und statt dessen Holzknüppel ausgegeben. Außerdem durften die Polizisten für eine kurze Zeit lediglich gegen Deutsche einschreiten, dann aber auch wieder gegen ausländische Zivilisten.

Auch bei der Wehrmacht im Raum Schleswig gab es keinen „Zusammenbruch" im engeren Sinne. Der Posten eines Panzerregiments der Division „Großdeutschland" mußte nur für zwei Tage ohne Gewehr vor dem Rathaus stehen, vom 15. Mai an ließen ihn die Engländer wieder mit Karabiner aufziehen. Im Auftrag der Briten konstituierte sich der „Wehrmachtskommandant im Kreis Schleswig" mit einem 95köpfigen Stab, einer 60 Mann starken Wachkompanie, Transporteinheiten, Torfstecherkommandos, Kraftfahrzeug-Reparatureinheiten, medizinischen und Fernmeldeeinrichtungen. Diese Wehrmachtskommandantur hat hier Exekutivbefugnisse – auch polizeilicher Art – bis zur Auflösung am 15. Januar 1946 ausgeübt. Daß Wehrmachtsdienststellen weit über die Kapitulation hinaus weiterfungieren durften, ist für den ganzen Bereich des ehemaligen Wehrkreises X belegt.

> **Kino-Filmbänder u. Schmalfilme**
>
> Auf Anordnung der Militärregierung Comd. 928 Det. Mil.-Gov. sind alle Kino-Filmbänder und Schmalfilme jeder Größe und Länge abzugeben.
>
> Die Ablieferung der Filmbänder und Schmalfilme hat bis zum
>
> **8. September 1945**
>
> auf der Polizeiwache in Schleswig, Lollfuß, zu erfolgen. Nichtablieferung zieht Bestrafung nach sich.
>
> Schleswig, den 1. September 1945
>
> **Der Bürgermeister der Stadt Schleswig**

Plakat, 1945

An der Funktionsfähigkeit der Stadtverwaltung änderte sich trotz einiger personeller Wechsel nichts Wesentliches. Am 15. Mai verhafteten die Engländer Stadtverwaltungsrat Lange als amtierenden Bürgermeister. Mit Schreiben vom 24. Mai 1945 wurden die Selbstverwaltungsgremien von Mitgliedern der NSDAP gesäubert. Insgesamt wurden 43 als Nationalsozialisten Belastete aus der Stadtverwaltung entlassen. Alle Betroffenen nahmen später entweder ihre Arbeit wegen angeblicher Unentbehrlichkeit mit Genehmigung der Engländer wieder auf oder erhielten ihre Pension oder konnten aufgrund des Artikels 131 des Grundgesetzes spätestens nach 1949 in den öffentlichen Dienst zurückkehren.

Notprobleme nach dem Ende des Krieges

Nach der Kapitulation ergaben sich gravierende Notprobleme. In den letzten Kriegstagen war noch ein Transport mit 900 verwundeten Soldaten eingetroffen, die in der Moltkekaserne und in der „Schleihalle" notdürftig untergebracht werden mußten. Im Dom und in Zelten auf den davorliegenden Rasenflächen lagerten deutsche Soldaten. Die Auffanglager der Stadt konnten die unablässig hereinströmenden Elendszüge der Flüchtlinge nicht mehr fassen. Zwei dieser provisorischen Lager, die Turnhallen der Wilhelminen- und der Bugenhagenschule, mußten wegen Seuchengefahr gesperrt werden.

Insgesamt waren im Juni 1945 44 019 Menschen, davon 18 400 Flüchtlinge, in der Stadt zusammengepfercht — mehr als eine Verdoppelung gegenüber dem Bevölkerungsstand von 1939. Zunächst konnte einige Erleichterung erreicht werden, indem alle gehfähigen deutschen Soldaten aus der Stadt in die Lager Busdorf und Treia verlegt wurden. Die sowjetischen Soldaten und die „Ostarbeiter" wurden in der Moltkekaserne zusammengefaßt und noch in den Sommermonaten 1945 in ihre Heimat zurücktransportiert. Todkranke und lebensgefährlich unterernährte Russen wurden isoliert in einer Baracke auf dem Firmengelände von Opel-Lorenzen untergebracht. Dort gab es noch mehrere Todesfälle.

Mitte August 1945 lebten in Schleswig „nur" noch rund 36 000 Menschen, darunter 9767 Flüchtlinge und Evakuierte. Im November 1945 schlossen sich rund 600 jüngere Männer — zum Teil nicht ganz freiwillig — einem Transport nach Recklinghausen an, um dort im Bergbau beschäftigt zu werden. Eine Entlastung trat dadurch nicht ein: Von 1946 bis 1950 hatte Schleswig einen Flüchtlingsanteil von 43 %, das waren knapp 17 000 Menschen. Erst 1950 trat eine Reduzierung auf etwa ein Drittel ein; das waren immer noch etwa 11 000 bis 12 000 Personen.

Plakat, 1946

Die Wohnraumversorgung erwies sich als weiteres Notproblem. 1949/50 war die Versorgung mit Wohnraum in Schleswig noch viel unzureichender als anderswo: In der Schleistadt entfielen 172 Wohnungen auf 1000 Einwohner; die Vergleichszahl des bundesdeutschen Durchschnitts lag bei 220. Mindestens 2400 Vertriebene mußten im Lager Moltkekaserne, im Minervalager, im Lager Hesterberg und in Schulgebäuden leben. Die Bugenhagenschule wurde erst 1948 wieder für den Schulunterricht freigegeben, und die Moltkekaserne hatte erst am 22. Dezember 1967 als Flüchtlingsunterkunft ausgedient.

Diese katastrophalen Wohnverhältnisse verursachten große soziale Spannungen. Viele Einheimische wollten mit den Flüchtlingen nichts zu tun haben. So mußte sich die evangelische Kirche entgegen ihrer ursprünglichen Absicht dazu entschließen, getrennte Gottesdienste für Einheimische und Flüchtlinge anzubieten, weil sonst die Schleswiger ferngeblieben wären. Der Club der „Schliejungs" beispielsweise nahm zunächst nur Einheimische auf und führte seine Tanzveranstaltungen als „geschlossene Gesellschaft" durch. Manche der Neu-Schleswiger fühlten sich dadurch ausgegrenzt und herabgesetzt.

Notstände ergaben sich nicht nur in der Wohnraumversorgung, sondern auch im täglichen Kampf um Lebensmittel und Brennstoff. In der britischen Zone standen zeitweise nur tägliche Lebensmittelrationen im Nährwert von 950 bis 1050 Kalorien pro Person zur Verfügung. Das lag deutlich unter dem lebensnotwendigen Minimum für hart arbeitende Erwachsene. Um überleben zu können, waren die Menschen gezwungen, sich zusätzliche Lebensmittel illegal zu beschaffen. Der „Schwarzmarkt" blühte auch in Schleswig, und die Verfolgungsbehörden registrierten eine extreme Eigentumskriminalität, die nach der Währungsreform schlagartig um die Hälfte zurückging.

Besonders prekär war das Problem, Feuerung für kalte Jahreszeiten zu besorgen. Wegen der Unterbrechung des Schienenverkehrs und später wegen bevorzugter Belieferung der Schwerindustrie konnte Hausbrandkohle nicht in ausreichenden Mengen aus dem Ruhrgebiet herangeschafft werden. Die Schleswiger mußten sich behelfen, indem sie Holz aus den Wäldern der Umgebung sammelten und beispielsweise bei Idstedt wieder Torf stachen. Unglücklicherweise fielen die beiden Winter 1945/46 und 1947/48 besonders streng aus.

Die dänische Minderheit und der „Grenzkampf"

Nach der Kapitulation erhielten die kulturellen Organisationen der dänischen Minderheit erheblichen Zulauf. Die Zahl der Bewerber um die Mitgliedschaft in diesen Vereinigungen wuchs sprunghaft an, so daß im Slesvighus, dem heutigen Hotel „Skandia", Extrabüros eingerichtet werden mußten, um die Flut der Beitrittsanmeldungen bewältigen zu können. Parallel dazu gab es einen rapiden Anstieg bei den Anträgen zur Aufnahme in die dänische Schule. Verwundern konnte diese Entwicklung vor dem Hintergrund der damaligen Situation nicht. Viele mochten sich angesichts der NS-Herrschaft und ihrer gerade weltweit offenbarten Untaten nicht mehr mit Deutschland identifizieren. Dazu kamen die Elendsprobleme, die die totale Niederlage mit sich gebracht hatte, und die äußerst trüben Zukunftsaussichten. Dagegen bot Dänemark in den Augen vieler Schleswigerinnen und Schleswiger moralisch, politisch und materiell ein strahlendes Gegenbild. Aus der angewachsenen Minderheit wurden Forderungen aus dem deutsch-dänischen Nationalkonflikt des 19. Jahrhunderts erneut erhoben: Schleswig sollte nach einer Volksabstimmung bis zur Eider in das dänische Reich eingegliedert werden. Da aber von den Flüchtlingen und Evakuierten keine Stimmabgabe zugunsten der Grenzverlegung zu erwarten war, wurde die Forderung laut, die Flüchtlinge aus dem Landesteil Schleswig herauszuverlegen. Diese politischen Zielvorstellungen stießen bei den in pro-deutscher Einstellung verbliebenen Bevölkerungsteilen auf erbitterte Ablehnung.

Mit der „Oktobererklärung" (1946) der dänischen Regierung war die Frage territorialer Veränderungen endgültig erledigt: Die Grenze sollte nicht verlegt werden.

Besonders betroffen von der nationalen Auseinandersetzung war die Sozialdemokratische Partei in Schleswig und Flensburg, weil sich viele ihrer Mitglieder den dänischen Kulturorganisationen angeschlossen hatten. Der Flensburger SPD-Kreisverband hatte deshalb eine Erklärung verabschiedet, in der die Frage des nationalen Bekenntnisses bewußt offengelassen war, um auch den dänisch Gesinnten offiziell Raum in der Partei zu bieten. Nach Funktionärskonflikten auf Landesverbandsebene wurde diese „nationale Frage" der SPD vom Parteivorsitzenden Kurt Schumacher in seiner „Husumer Rede" vom 7. Juli 1946 entschieden. Er erklärte ein deutsches Nationalgefühl für SPD-Mitglieder für unabdingbar und schloß den gesamten Flensburger Kreisverband aus der SPD aus. In Schleswig reagierten die dänisch gesinnten SPD-Mitglieder mit freiwilligem Austritt, der zum Kollaps des Ortsvereins führte.

Zur bevorstehenden Kommunalwahl im September 1946 ließen sich viele der ausgetretenen Sozialdemokraten, durchweg langjährig bewährte Kommunalpolitiker, als parteiunabhängige Kandidaten aufstellen. Sie gewannen sämtliche 24 Direktmandate und vereinigten 47,7 % der Stimmen auf sich. Nur über die Liste gelang weiteren vier Vertretern der CDU und zwei der SPD der Einzug in die Ratsversammlung.

Mit Hermann Clausen wurde ein Vertreter der beeindruckend starken dänischen Minderheit zum Bürgermeister von Schleswig gewählt. In späteren Wahlen gewann er auch Mandate im schleswig-holsteinischen Landtag und im Bonner Bundestag.

Plakat des Südschleswigschen Wählerverbandes (SSW) zur Kommunalwahl am 24. Oktober 1948

Flugblatt des „Deutschen Wahlbundes" (SPD und CDU) zur Kommunalwahl am 24. Oktober 1948

Seit der Währungsreform stabilisierte sich das deutsche Nationalbewußtsein wieder, und die Anhängerschaft der dänischen Organisationen ging zurück. Bei den späteren Wahlen bis zur Kommunalwahl 1951 erreichten die Vertreter der dänischen Minderheit in Schleswig regelmäßig ungefähr ein Drittel der Stimmen. Seit der Bundestagswahl 1953 war ein Rückgang auf Anteile zwischen 10 und 20 % zu verzeichnen. Erst 1955 fand die Phase ein Ende, in der die nationalistischen Konflikte in häufig kleinlicher und aggressiver Weise ausgetragen wurden. Der „Grenzkampf" stand der NATO-Integration im Wege. Deshalb kamen Impulse aus den Metropolen, die Konfrontation aufzuweichen und zur friedlichen Koexistenz überzugehen. In diesem Geist wurden die „Bonn-Kopenhagener Erklärungen" (1955) abgefaßt, in denen die Rechte der nationalen Minderheiten beiderseits der Grenze geregelt sind.

Neuanfang der Parteien und Interessenverbände und die Entwicklung des politischen Kräfteverhältnisses

Den Organisationen der Arbeiterbewegung fiel der Neuanfang nach der Kapitulation am leichtesten. Sie waren bis 1933 der NSDAP kompromißlos entgegengetreten und nach der „Machtergreifung" durch Terror zerschlagen worden. Sie konnten die 1933 abgebrochene Arbeit unkompromittiert wieder aufnehmen.

In den ersten Maitagen 1945 trafen sich Schleswiger Gewerkschafter zu ersten Gesprächen. Am 21. Juli 1945 wählten sie einen formellen „Vorbereitenden Ausschuß", der mit den Engländern über die Genehmigung der Neugründung verhandeln und die weiteren Schritte zur Wahl von Betriebsfunktionären und zur Besetzung von Verbandsgremien einleiten sollte. Diese Aufgabe ließ sich nur unter Schwierigkeiten lösen, weil sich die Militärregierung entschlossen hatte, die gewerkschaftliche Neuformierung zu bremsen. Im August 1946 war in Schleswig erst der relativ schwache Organisationsgrad von 10 % der abhängig Beschäftigten erreicht. Bedingt durch die Erwerbsstruktur der Stadt, war die Gewerkschaft des öffentlichen Dienstes die bei weitem stärkste Einzelgewerkschaft am Ort.

Nach Hermann Clausens Erinnerungen formierte sich der SPD-Ortsverein schon am 3. Mai 1945. Wie bereits erwähnt, führten die deutsch-dänischen Spannungen 1946 zu einem verheerenden Rückschlag für die Partei, von dem sie sich lange nicht mehr erholen sollte. In der Bundestagswahl 1949 erreichte sie einen Stimmenanteil von 9,6 %. Damit lag die SPD 20 Prozentpunkte unter ihrem Bundesergebnis. Bei den folgenden Bundestagswahlen schnitt die Schleswiger SPD ebenfalls regelmäßig schlechter ab als im Bundesdurchschnitt, doch der Rückstand verringerte sich kontinuierlich von 14 % bis auf etwa 7 %.

Anders als die Organisationen der Arbeiterbewegung konnte das bürgerliche Lager 1945 nicht direkt an Strukturen anknüpfen, wie sie in der Endphase der Weimarer Republik bestanden hatten. Die Liberalen hatten in jener Zeit schon einen Niedergang zur Bedeutungslosigkeit hinnehmen müssen, und die nationalistischen Konservativen waren durch Kollaboration mit den Nazis diskreditiert. Am 7. November 1945 erhielt die Christliche Demokratische Aufbaupartei in Schleswig ihre Zulassung. Es war eine Partei neuen Typs im bürgerlichen Lager. Sie sollte eine Sammlungspartei mit liberalem bis konservativem Spektrum sein; sie sollte die Erbschaft der alten katholischen Zentrumspartei antreten, aber auch entschiedenen Protestanten eine Heimat bieten. Hervorzuheben ist, daß sich diese Partei eindeutig und ostentativ – wie auch die Parteibezeichnung ausweist – zur Demokratie bekannte. Das war vor 1933 für bürgerliche Parteien keine Selbstverständlichkeit.

Die Qualität einer bürgerlichen Sammlungspartei mußten sich die christlichen Demokraten erst nach und nach erarbeiten. Es gab weitere Parteien, die in ihrem Rekrutierungsfeld als Konkurrenz auftraten. Dazu zählten die Liberalen, die die Gründung der Bundes-FDP erst verhältnismäßig spät zustandebrachten. Deshalb fanden die Schleswiger Liberalen erst im Frühjahr 1946 in einer örtlichen FDP-Organisation zusammen.

In der Bundestagswahl 1949 mußten die Liberalen und die CDU in Schleswig ähnlich schlechte Resultate hinnehmen wie die SPD. Die Stimmenanteile der FDP lagen 10 % unter dem Bundesdurchschnitt, die der CDU rund 17 % darunter. Viele bürgerliche Wählerinnen und Wähler Schleswigs hatten sich, offenkundig von grenzkämpferischen Emotionen geleitet, für die sonst unbedeutende extrem nationalistische „Deutsche Konservative Partei" entschieden; auf sie entfielen in Schleswig 25% der Stimmen. Der Hang zum rechtsextremen Votum blieb in der Stadt vorübergehend bedenklich stark ausgeprägt. Bei der Landtagswahl 1950 entfielen immerhin 8,4% der Stimmen auf die „Sozialistische Reichspartei", die 1952 vom Bundesverfassungsgericht als nationalsozialistische Nachfolgeorganisation verboten wurde.

Bei den Bundestagswahlen seit 1953 lagen FDP und CDU jeweils mit wenigen Prozentpunkten Abweichung nach unten im Bundestrend.

Seit 1949 kandidierten Vertreter der Flüchtlinge und Vertriebenen bei politischen Wahlen. Zunächst ließen sie sich als „Unabhängige" aufstellen, später als Kandidaten des „Blocks der Heimatvertriebenen und Entrechteten", des „Gesamtdeutschen Blocks/BHE" oder der „Gesamtdeutschen Partei". 1949 und 1950 konnten die Vertriebenenpolitiker ein Viertel der Schleswiger Stimmen auf sich vereinigen, 1953 bis 1962 noch immerhin 6 bis 16%. Diese Entwicklung folgte in etwa dem Landestrend.

Plakat, 1946

Die erste Fernsehvorführung.
Schleswiger Nachrichten, 31. Januar 1953

Der wirtschaftliche Aufstieg

Die alliierte Luftwaffenführung hatte sich in sicherer Erwartung der deutschen Niederlage in den beiden letzten Jahren des Krieges darauf beschränkt, Wohngebiete und Verkehrsverbindungen zu zerstören, deutsche Industrieanlagen aber im wesentlichen intakt gelassen. So standen nach der Kapitulation ein großes aktivierbares Produktionspotential und ein Überfluß an qualifiziertem Personal zur Verfügung. Schon im Herbst 1947 war die industrielle Produktion in Westdeutschland aus eigener Kraft wieder in Schwung gekommen und damit die Voraussetzung für die lang erwartete und am 20. Juni 1948 durchgeführte Währungsreform geschaffen. Die Währungsreform sorgte auch in Schleswig für den „Schaufenstereffekt". Plötzlich – von einem Tag zum anderen – waren lang entbehrte Konsumgüter wieder in den Läden zu kaufen.

Der Massenzustrom von Menschen überstieg den Bedarf der Schleswiger Betriebe an Arbeitskräften bei weitem. Das führte zu einer erheblichen Arbeitslosigkeit, die 1946 jeden 6. bis 7. Einwohner zwang, von öffentlicher Unterstützung zu leben. 1950 gab es über 30 % Arbeitslose am Ort. 1953 betrug die örtliche Arbeitslosenquote der Männer 15 %, die der Frauem 22 %. Schleswig lag also im Schatten des „Korea-Booms". Dieser kriegsbedingte Nachfrageschub hatte die Arbeitslosenquote im bundesdeutschen Durchschnitt bereits auf 8,4 % sinken lassen. Die Schleswiger Arbeitsmarktstatistik des Jahres 1953 weist auch darauf hin, daß es einen Prozeß der Verdrängung der Frauen vom Arbeitsmarkt gegeben hat. Das Zahlenverhältnis verharmlost jedoch das tatsächliche Ausmaß der Entwicklung, denn viele arbeitslos gewordene Frauen zogen sich in die Hausfrauenrolle zurück, ließen sich nicht als Arbeitsuchende registrieren und wurden deshalb von der Statistik auch nicht mitberücksichtigt.

Wie in der Bundesrepublik allgemein, besserten sich die materiellen Lebensverhältnisse auch in Schleswig nachhaltig. Zwischen 1950 und 1965 verdoppelten sich die Realeinkommen in der Bundesrepublik. Die Arbeitslosenrate sank kontinuierlich und erreichte 1965 mit 0,6 % den niedrigsten jemals erreichten Stand.

In Schleswig siedelten sich in der Aufschwungphase mehrere Unternehmen an: Die Zuckerfabrik, die Kartoffelverwertungsgesellschaft, die Firmen „Nordbutter" und „Nordfleisch", die Blähton-Steinwerke und eine Schuhfabrik.

1956 und 1958 mußten zwei größere Betriebe mit zusammen 250 Beschäftigten die Produktion einstellen. Diese Rückschläge waren schnell aufgefangen: Die entstandenen Verluste an Wirtschaftskraft wurden von prosperierenden Baubetrieben sofort geschlossen.

Die Wiederbewaffnung brachte der Stadt ab 1956 einen neuen gewichtigen Wirtschaftsfaktor: die vielen Dienststellen und Einrichtungen der Bundeswehr mit ihren Soldaten und Zivilbediensteten.

Auch die öffentliche Hand tat einiges, um ihrer Verpflichtung zur Daseinsvorsorge gerecht zu werden. Gefördert mit Marshallplangeldern und öffentlichen Wohnungsbaumitteln, schritt der Ausbau der Kanalisation voran, und die Wohnblockbebauungsgebiete St. Jürgen, Schleswig-Süd, Dannewerkredder/Husumer Baum und Flattenberg wuchsen auf. 1967 konnte der letzte Bauabschnitt der Umgehungsstraße dem Verkehr übergeben werden.

Von der Regierungs- zur Kulturhauptstadt

Bei der Neustrukturierung der Verwaltung des Landes Schleswig-Holstein fiel 1945/46 das Regierungspräsidium in der Gottorfstraße weg, das bisher Aufgaben der schleswig-holsteinischen Landesregierung wahrgenommen hatte. Gewissermaßen als Kompensation für den Verlust dieser Metropolfunktion wurden das kulturgeschichtliche Thaulowmuseum, das Museum für Vor- und Frühgeschichte der Universität Kiel und das Landesarchiv von Kiel nach Schleswig verlegt. Nicht nur diese drei bedeutenden Institutionen begründeten Schleswigs Ruf als „Kulturhauptstadt" des Landes. Dieser Ruf entstand auch durch das rege Theaterleben am Ort. Seit Herbst 1946 spielte das private „Renaissancetheater" von Kai Nicolai im Saal des Gasthauses „Großer Baumhof" und – nach Freigabe durch englische Dienststellen – seit Anfang 1947 im Theatergebäude. Zum Ensemble gehörten zeitweise 112 Personen. Durch die Geldknappheit unmittelbar nach der Währungsreform wurde das Theaterunternehmen wirtschaftlich ruiniert und mußte am 11. März 1949 Konkurs anmelden. 1950 bewilligten die städtischen Gremien die Wiedereröffnung des Nordmark-Landestheaters, das sich bald bundesweite Anerkennung erspielte. In jenen Jahren zog es regelmäßig Feuilletonisten der „Welt" und anderer großer Zeitungen nach Schleswig. Unter den Ensemblemitgliedern fanden sich viele prominente Namen. Mitten im Kalten Krieg unterhielt das Theater eine Austauschbeziehung zur Stralsunder Bühne, und Dr. Theo Christiansen, dem Leiter des Schleswiger Kulturamtes, gelang es sogar, Helene Weigel zu einem Gastspiel nach Schleswig zu holen.

Plakat, 1951 Plakat, 1952

Abseits von den kulturellen Institutionen und Leistungen mit hohem wissenschaftlichen und künstlerischen Anspruch entwickelte sich in Schleswig wie überall eine eigenständige und abgeschlossene Jugendkultur. Die Eigenständigkeit war soziologisch durch den immer späteren Eintritt ins Erwachsenenalter zu erklären. Die Abgeschlossenheit war auf die schroffen, ablehnenden Reaktionen der Erwachsenenwelt auf Erscheinungsformen der Jugendkultur, etwa die längeren Haare oder die Musik, zurückzuführen.

Seit 1962 trat die Schleswiger Band „The Beat" in der Stadt und der weiteren Umgebung öffentlich auf, einmal sogar als Vorgruppe der zu diesem Zeitpunkt noch nicht im Zenit des Weltruhms stehenden „Rolling Stones". Der Zeitungsartikel, in dem „The Beat" der Öffentlichkeit vorgestellt wurde, gibt ein Beispiel für die zurückweisende Haltung der Erwachsenen. Es heißt dort abfällig, die Liverpooler „Beatles" machten „schlägerische Musikgeräusche". Daß die Beatles-Produktionen derart verrissen und nicht als ernstzunehmende Musik bezeichnet wurden, erscheint heute grotesk.

Nach einiger Zeit gingen die Mitglieder der „Beats" auseinander. Zwei von ihnen stießen zu den „Beatniks", die sich danach recht starke regionale Beachtung erspielten. Der Gipfel des Erfolgs war die Wahl der „Beatniks" zur besten bundesdeutschen Amateur-Beatband in einer Sendung des Saarländischen Rundfunks am 26. Dezember 1967 vor 8000 Zuschauern in der Saarlandhalle Saarbrücken.

In Schleswig gab es mehrere Veranstaltungszentren für Twist- und Beatgruppen, das wichtigste war die „Stampfmühle" hinter Schloß Gottorf. Dort ließ sich beobachten, daß es in der Jugendkultur soziale Differenzierungen gab: Auf der einen Seite des Saals saßen die „Rocker", auf der anderen die „Exis" („Existentialisten"). Es scheint, daß sich hier Nicht-Gymnasiasten und Domschüler gegenüberstanden. Die Gegensätze wurden auch mit körperlicher Gewalt ausgetragen und führten schließlich zur räumlichen Trennung. Die Gymnasiasten trafen sich in einer Musikkneipe innerhalb des Prinzenpalais.

1967 folgte der Besitzer der Schleihalle einem allgemeinen Trend und ließ das „Lido" in der Schleihalle in eine Diskothek umrüsten. Die Diskotheken bedeuteten das Ende für die eigenständige Schleswiger Popmusik, weil es seitdem keine Auftrittsmöglichkeiten mehr gab.

Neues Orchester

Schleswig. „The Beats" lautet der Name einer neuen „Schlagerband", von der man wohl erwarten kann, daß ihr Erfolg in Zukunft nicht nur von der Phonstärke ihrer Instrumente abhängig sein wird. Vier fleißige und begabte Schleswiger Jungen, Claus Wegener, Heiner Gercke und die Brüder Bernhard und Gerhard Appel, stellten sich nach ernsthafter Vorbereitung ihrem Publikum. Im Gegensatz zu den englischen „Beatles", deren schlägerische Musikgeräusche mehr als organisierter Lärm zu bezeichnen sind, versuchen die Schleswiger „Beats", ihren Darbietungen eine gute musikalische Note zu geben. Auch so kann man Schlager interpretieren! Ihre Instrumente sind Gitarren, Schlagzeug und die menschliche Stimme. Es handelt sich nicht um Berufsmusiker, vielmehr um Musikbeflissene, die Berufung in sich fühlen. Ihnen ist schon deshalb Erfolg zu wünschen, als sie beweisen, daß sich unter unserer vielfach mißverstandenen Jugend positive Kräfte befinden, die zeigen, daß auf oft musikalisch fragwürdige Import-Ensembles in der Schlagermusik verzichtet werden kann.

Zeitungsausschnitt, um 1962/63

Wer trägt die Verantwortung für den Mordanschlag auf Rudi Dutschke?

Ist der Mordanschlag auf Rudi Dutschke die Tat eines verwirrten Einzelnen oder steht er mit der Aufhetzung durch die Springer-Presse und dem Versagen der politischen Führung im Zusammenhang? Hat er also politische Gründe?

Seit einigen Jahren beschimpft vor allem die Springer-Presse die gegen die zunehmende Entdemokratisierung der westlichen Welt opponierende Jugend als „FU-Chinesen", „faschistischen Mob" oder Ulbricht-hörige Minderheit."

Der nächste Schritt gegen einen derart als „K o m m u n i s t e n" verteufelten Feind waren Aufforderungen wie diese:

Man müsse „gegen die Rote Garde, das Abziehbild des häßlichen Pekinger Originals, den immatrikulierten, mobilisierten Mob endlich einschreiten: auf einen groben Klotz gehört ein grober Keil." (M.Walden, Welt 7.1.67; Täter Bachmann: „Ich hasse Kommunisten.")

„...man müsse endlich „die Zellen des Unwesens ausmerzen." (Welt 10.3.66, eine fast wörtliche Übereinstimmung mit Parolen Hitlers gegen die Juden!)

Ohne Skrupel, mit dem Blick auf Springer-Zeitungen lesende Wähler schlugen Politiker in die gleiche Kerbe:

„Wir müssen die L i n k e sichtbar isolieren, in die Ecke stellen und z u m i n d e s t geistig - hochprügeln." (Rainer Barzel)

In den letzten Wochen vor dem Anschlag auf Dutschke schreckte man auch vor kaum verhüllten Aufforderungen zu Gewalttätigkeit nicht mehr zurück:

„... man darf auch nicht die ganze Dreckarbeit der Polizei und ihren Wasserwerfern überlassen..... Stoppt den roten Terror jetzt." (Bild 7.2.68)

„Daß wir uns recht verstehen, mit diesen Erscheinungen werden wir fertig." (Berlins regierender Bürgermeister Schütz 21.2.68)

Eine derart angeheizte Bevölkerung zog dann auf der von Schütz zusammengerufenen Gegendemonstration die Konsequenz:

„V o l k s f e i n d Nr. 1 : Rudi Dutschke", „Vergasen, die K o m m u n i t e n s c h w e i n e !" (Plakate und Chorrufe)

SCHLAGT DEN DUTSCHKE TOT! Lyncht ihn! Hängt ihn! (Rufe einer 100 köpfigen Menge, die einen jungen Mann verfolgte, den sie für Dutschke hielt.)

Unter den Augen der führenden Berliner Politiker und der Polizei wurden dann etwa 30 Studenten (oder wen man dafür hielt) zusammengeschlagen.

Ist der Mordanschlag an Dutschke die letzte Konsequenz solcher Entwicklungen? Sicher haben Springer, Schütz und Barzel diese Tat nicht gewollt. Aber muß nicht auf enthemmte Menschen jede der zitierten Äußerungen wie eine A u f f o r d e r u n g zu einem solchen Verbrechen wirken?

W i r f o r d e r n eine Presse und eine Politik, die helfen, Demokratie zu verwirklichen statt die auszuhöhlen, zu mißbrauchen und so den Boden für Gewaltaktionen gegen Andersdenkende zu bereiten!

verantwortliche Peter Krambeck
Hartmut Kunkel

Flugblatt Schleswiger Studenten zum Attentat auf Rudi Dutschke, Ostern 1968

In den Jahren 1967/68 sorgte die studentische Protestbewegung an den großen Hochschulorten der Bundesrepublik auch in Schleswig für eine stärkere Politisierung unter den Jugendlichen. Träger örtlicher Protestaktionen waren vor allem Schüler der Domschule, Studenten auswärtiger Hochschulen und Angehörige der Erzieherfachschule. Im Februar 1968 kam es zu einer Demonstration gegen den Vietnamkrieg, im Dezember 1968 versuchten Jugendliche, mit einem „Sit-in" die Aufführung des amerikanischen Vietnam-Films „Die grünen Teufel" zu verhindern.

In einer Podiumsdiskussion, die im Mai 1968 in der Volkshochschule stattfand, wurden die Gegensätze zwischen der kritischen Jugend und dem konservativen Bürgertum benannt: Ein Stadtrat der CDU sprach von seiner Trauer darüber, „daß Studenten, die hier unter uns in Schleswig, in einer heilen Welt aufgewachsen sind, jetzt als Gegner dieses Staates auftreten". Angesichts der seiner Meinung nach gescheiterten Entnazifizierung, der demokratische Rechte und Institutionen beschneidenden Notstandsgesetze und der mit westlichen Werten unvereinbaren Kriegsführung der USA in Vietnam warf ein studentischer Wortführer dem Staat einen autoritären Charakter, „Scheinfreiheit" und „schleichende Entdemokratisierung" vor. Ihm ging es darum: „Eine Welt zu schaffen, in der der Mensch endlich wieder als Mensch leben kann."

Grundlegende Literatur

Abelshauser, Werner: Wirtschaftsgeschichte der Bundesrepublik Deutschland 1945–1980, Frankfurt/Main 1983

Beiträge zur historischen Statistik Schleswig-Holsteins, hrsg. vom Statistischen Landesamt Schleswig-Holstein, Kiel 1967

Die Bundesrepublik Deutschland in Zahlen 1945/49–1980. Ein sozialgeschichtliches Arbeitsbuch, München 1987

Christiansen, Theo: Schleswig und die Schleswiger 1945–1962, Husum 1987

Clausen, Hermann: Der Aufbau der Demokratie in der Stadt Schleswig nach den zwei Weltkriegen. Erinnerungen, Flensburg 1966

Frauen in der Geschichte V. „Das Schicksal Deutschlands liegt in der Hand seiner Frauen" – Frauen in der deutschen Nachkriegsgeschichte, hrsg. von Anna-E. Freier und Annette Kuhn, Düsseldorf 1984

Lindstrøm, Anders Ture: Landet Slesvig-Holstens politiske historie i hovetræk 1945–1954, Flensburg 1975

Wahlen in der Bundesrepublik Deutschland. Bundestags- und Landtagswahlen 1946–1987, hrsg. von Gerhard A. Ritter und Merith Niehuss, München 1987

Bildteil

5. Mai 1945: Schleswig wird kampflos von Einheiten der 21. britischen Heeresgruppe besetzt. Empfanden die Schleswiger das Eintreffen der Engländer als Befreiung? Hermann Clausen, 1944 im KZ Neuengamme interniert, gehörte zu denjenigen, die das Einrücken der Briten hoffnungsvoll beobachteten: „Ganz leise kommen sie mit ihren Pkw's und Tanks, ohne Tam-Tam, ohne Militärmusik und nicht mit brüllenden Liedern". Foto: Ein britischer Offizier und ein Angehöriger der dänischen Widerstandsbewegung im Mai 1945 in Schleswig (1).

Der letzte Flug der Luftwaffe ging nach Schleswig – mit britischer Hilfe: Am 18. Juni 1945, 44 Tage nach dem 2. Weltkrieg, starteten in Guldborg auf der dänischen Insel Lolland 15 Flugboote einer deutschen Seenotgruppe unter Leitung von Hauptmann Karl Born mit 450 Verwundeten an Bord. Mit Genehmigung der Royal Air Force und Geleitschutz von zwei britischen Jagdstaffeln flog die Gruppe nach Schleswig. Das Foto zeigt Flugkapitän Born bei der Verabschiedung seiner Mannschaft am 17. Juni 1945 (2).

Parallel zu der nach Norden vorrückenden britischen Panzerspitze landeten am 9. Mai 1945 die ersten Maschinen der Royal Air Force auf dem Militärflugplatz Schleswig-Land (Jagel). Bald verkündeten Schilder: „This is now an RAF-Station". Foto: Ein RAF-Lastwagen in Schleswig (3).

Leben in der „Stunde Null": Obwohl die Stadt von Kriegszerstörungen weitgehend verschont geblieben war, hatte der 2. Weltkrieg doch weitreichende Folgen für das Leben der Schleswiger. Besonders belastend wirkte sich in der unmittelbaren Nachkriegszeit das Anwachsen der Bevölkerung durch den Zustrom der Flüchtlinge und Vertriebenen aus. Betrug die Zahl der Einwohner 1939 noch 26 151, so lebten Mitte 1945 bereits annähernd 45 000 Menschen in der Schleistadt. In dem Durcheinander der „Stunde Null" diente ein großer Bretterzaun an der Ostseite der unteren Moltkestraße als eine Art Nachrichtenbörse. Informationen für verschollene Angehörige sowie Tausch-, Kauf- und Verkaufsangebote waren von unten bis oben dort angeheftet. Die Aufnahme entstand heimlich in den ersten Tagen nach dem Einmarsch der Briten (4).

Die Briten beschlagnahmten zahlreiche Wohnungen und Gebäude, darunter Hotels, Kinos und das Theater. Das Hotel „Stadt Hamburg" etwa wurde unter dem Namen „Malcolm Club" in einen Offiziersclub der RAF umgewandelt. Im Stadttheater veranstalteten die Engländer Shows, Theateraufführungen und Tanzveranstaltungen.

Mit der Lockerung des „Fraternisierungsverbotes" im Sommer 1945 verdichteten sich die Kontakte zwischen den Angehörigen der Besatzungsmacht und der Bevölkerung, wie das Bild zeigt (Engländer mit ihren Schleswiger Tanzpartnerinnen bei einem Fest im „Slesvighus", heute „Skandia", am 23. Oktober 1945) (5).

Das Verhältnis zwischen den Schleswigern und den Briten war lange zwiespältig: Die Militärregierung überschüttete die Bevölkerung und Kommunalverwaltung mit Anordnungen, die vielfach Mißstimmung gegen die „Besatzer" hervorriefen. Einen wichtigen Beitrag zur Klimaverbesserung leistete die britische Lesehalle, die am 31. August 1946 im Haus Stadtweg 17 eröffnet wurde. Vor dem Hintergrund der britischen „Umerziehungspolitik" konnten sich die Menschen hier aus Zeitungen, Büchern und englischen Filmen informieren. 1948 erhielt die Lesehalle den Namen „Die Brücke. British Information-Center". Foto: Britische Soldaten, etwa Mai 1945 (6).

Die Organisationen der Schleswiger Arbeiterbewegung waren 1933 verboten worden oder hatten sich selbst aufgelöst. Am 1. Mai 1946 veranstalteten die neuformierten Schleswiger Gewerkschaften am Neuwerk ihre erste Maifeier nach dem Krieg. Hermann Clausen, SPD-Bürgermeister seit dem 1. November 1945, hielt die Ansprache. „Proletarier aller Länder vereinigt euch! Nie wieder soll die Reaktion die Oberhand gewinnen!" lautete die Parole für diese Kundgebung (7, 8).

Nach dem Krieg ging die Mitgliederzahl der dänischen Organisationen in Südschleswig explosionsartig in die Höhe. Die Ursache für diese Entwicklung lag nicht allein in der umfangreichen materiellen Hilfe aus Dänemark für die Angehörigen der Minderheit („Paketaktion"). Auch die Zweifel an der Zukunft des zerstörten Deutschlands und daraus erwachsende Sympathien für das demokratische Nachbarland spielten eine wesentliche Rolle. Die Fotos zeigen den Umzug während des Jahrestreffens der dänischen Minderheit in Schleswig am 23. Juni 1946. Mehrere Hundert Deutschgesinnte versuchten die Kundgebung durch Sprechchöre und Absingen des Schleswig-Holstein-Liedes zu stören (9, 10).

30. September 1945: Kinderfest im Danebrog-geschmückten „Slesvighus", dem Veranstaltungszentrum der dänischen Minderheit (11).

24. September 1945: Bei der konstituierenden Sitzung der neugewählten Stadtverordnetenversammlung wurde Hermann Clausen (hier am Rednerpult) zum Bürgermeister gewählt. Clausen war zu diesem Zeitpunkt bereits aus der SPD ausgetreten, die sich unter dem Einfluß Kurt Schumachers im „Grenzkampf" vehement für die deutsche Seite engagiert hatte (12).

Die Gegenbewegung: 1946 wurde der „Verein für Erwachsenenbildung und Büchereiwesen" gegründet (seit 1949 „Deutscher Grenzverein für Kulturarbeit im Landesteil Schleswig"), 1947 der „Schleswig-Holsteinische Heimatbund", 1948 die „Arbeitsgemeinschaft Deutsches Schleswig" und der „Grenzfriedensbund". Bei der Kommunalwahl am 24. Oktober 1948 schlossen sich CDU und SPD in der Stadt zum „Deutschen Wahlbund" zusammen und erhielten die Mehrheit in der Ratsversammlung. Jakob Böhme (CDU), der neugewählte Bürgermeister, ließ zur Irritation der Dänen zwei Tage die blau-weiß-rote Fahne auf dem Rathaus hissen. Foto: Großkundgebung vor dem Chemnitz-Bellmann-Denkmal während der Jahrestagung des Schleswig-Holsteinischen Heimatbundes am 4. September 1949 (13).

In der Nacht zum 21. September 1952 beschmierten Mitglieder der „Deutschen Jungenschaft", überwiegend Gymnasialschüler, die im Stadtgebiet liegenden dänischen Schulen und das dänische Gemeindehaus mit antidänischen Parolen. Dieser Vorfall erregte weit über Schleswig hinaus Aufsehen. Bürgervorsteher Dr. Wehn und Bürgermeister Lorenzen distanzierten sich in einer öffentlichen Erklärung von der Aktion (14, 15, 16).

Auf Anordnung der britischen Militärregierung wurde der Sitz der Landesregierung 1945/46 von Schleswig nach Kiel verlegt. Schleswigs traditionsreiche Rolle als Landeshauptstadt war beendet. Als Ausgleich für diesen Verlust erhielt die Stadt die Obergerichte des Landes, das Landesarchiv und die Landesmuseen: Schleswig wurde zur Justiz- und Kulturhauptstadt. Fotos: Transport des Nydambootes vom Hafen zur Schloßinsel im April 1947 (17, 18).

Nach 1945 kamen Tausende von Flüchtlingen und Vertriebenen nach Schleswig. Viele von ihnen lebten jahrelang in qualvoller Enge in der Moltkekaserne, im Lager Sudhaus, im Minervalager und in anderen notdürftig hergerichteten Gebäuden. Die letzten dieser Lager und Baracken wurden erst Mitte der 60er Jahre aufgelöst. Foto: Flüchtlingskinder aus der Moltkekaserne, 1949 (19).

Die Eingliederung der Flüchtlinge und Vertriebenen verlief nicht konfliktlos. Für manchen „alteingesessenen" Einwohner waren sie unerwünschte Fremde, von denen man sich am besten fernhielt. So entstand nach 1945 der „Verein geborener Schleswiger", auch „Schliejungs" genannt, hier im Bild während eines Ausflugs (um 1947) (21).

Küche in der Moltkekaserne, um 1948 (20).

Das Nordmark-Landestheater war 1944 geschlossen worden. Erst am 24. September 1950 konnte dieses älteste Theater in Schleswig-Holstein mit der Premiere von Shakespeares „Der Sturm" seinen Spielbetrieb wieder aufnehmen. Unter seinem Intendanten Dr. Horst Gnekow erwarb das Theater in den 50er Jahren mit anspruchsvollen Inszenierungen und hervorragenden Schauspielern einen bedeutenden Ruf in der gesamten Bundesrepublik. Das Foto vom 21. September 1951 zeigt Harald Paulsen als Macheath in der „Dreigroschenoper". Paulsen hatte diese Rolle schon 1928 in Berlin unter der Regie von Erwin Piscator gespielt (22).

Schatten der Vergangenheit: Am 5. Juli 1951 kehrte der in Schleswig geborene ehemalige Fallschirmjägergeneral Bernhard Ramcke zurück. Der „Verteidiger von Brest" war in Frankreich zunächst zu Gefängnis verurteilt, dann interniert und schließlich freigelassen worden. Die „Schleswiger Nachrichten" meldeten am 7. Juli: „Ramcke im Triumphzug nach Hause getragen. Zehntausend Schleswiger umjubelten ihren weltberühmten Heimkehrer". Bei einer vom Magistrat veranstalteten Feierstunde im Theater forderte Ramcke u. a., daß die „Diffamierungen ehemaliger deutscher Soldaten" aufhören müßten. Er schloß ausdrücklich die Angehörigen der ehemaligen Waffen-SS-Division „Das Reich" ein, der das Massaker in Oradour-sur-Glane zur Last gelegt wurde (23, 24).

Der erste Peermarkt nach dem Krieg fand im September 1946 statt und war den Umständen entsprechend nur kümmerlich beschickt. 1951 hieß es bereits: „Größter Jahrmarkt in Schleswig-Holstein". 300 Buden und Fahrgeschäfte drängten sich auf dem Stadtfeld (25, 26).

Peermarkt 1951: Blick in eine der „lustigen Tonnen", die zu den Hauptattraktionen des Marktes gehörte. Die „Schleswiger Nachrichten" dichteten damals: „... Unbeschreiblich, welche Lagen / in die Kreuz und Quer hier ragen. / Und es kommt selbst öfter so, / daß sich bäumt der runde Po ..." (27).

Der Name des Marktes bestand damals noch zu Recht: Auf einem gesonderten Platz an der Königstraße wurden 1951 600 Pferde aufgetrieben (28).

Das „Wirtschaftswunder": Anfang der 50er Jahre begann in der Bundesrepublik ein steiler wirtschaftlicher Aufstieg, der zu einem wachsenden Massenwohlstand führte. Besonders rasch entwickelte sich die Automobilindustrie, die mit ihren Produkten zum Symbol für den wirtschaftlichen Aufschwung wurde. Dennoch waren Luxuslimousinen wie der hier vor dem Dom fotografierte Mercedes in den 50er Jahren nur für wenige Menschen erschwinglich (29).

Ein „Käfer" – noch mit „Brezelfenster" – als 1. Preis der Peermarktslotterie 1952 (30).

Die Schleswiger Borgward-Vertretung Anfang der 50er Jahre. Im Vordergrund ein Lloyd 250 (im Volksmund „Leukoplastbomber" genannt), der zu dieser Zeit 2980,00 DM ab Werk kostete (31).

Von 1950 bis 1960 vervierfachte sich die Anzahl der Automobilbesitzer. Die steigende Motorisierung förderte die Mobilität der Bundesbürger. Davon profitierte auch der Schleswiger Fremdenverkehr, der sich zu einem wichtigen Wirtschaftsfaktor entwickelte. Foto: Autos von Besuchern der Landesmuseen Anfang der 50er Jahre (32).

Shell-Tankstelle am Gottorfer Damm, etwa 1952 (33).

Massenmotorisierung – auch auf zwei Rädern: Wer sich in den 50er Jahren (noch) kein Auto leisten konnte, dem blieb immerhin die Wahl zwischen einem Motorrad oder einem Motorroller (34, 35).

Wirtschaftsminister Erhards Parole „Wohlstand für alle" schien innerhalb weniger Jahre Wirklichkeit zu werden. In „Wellen" befriedigten die Deutschen ihren Nachholbedarf aus der entbehrungsreichen Zeit. Die „Freßwelle" wurde dabei wohl am ausgiebigsten genossen. Foto: Eröffnung eines Arko-Kaffeegeschäftes 1951 (36).

Lastwagen einer Schleswiger Getränkegroßhandlung, um 1952 (37).

Trotz des wirtschaftlichen Aufschwungs war die Arbeitslosigkeit Anfang der 50er Jahre ein drückendes Problem. Im Dezember 1951 besetzten Erwerbslose das Rathaus, um eine städtische Weihnachtsbeihilfe zu erkämpfen. Auch bei den Demonstrationen des Deutschen Gewerkschaftsbundes am 1. Mai wurden Forderungen nach einer Verbesserung der Lage der „Stiefkinder" des „Wirtschaftswunders" erhoben.
Foto: 1.-Mai-Demonstration 1953 mit dem Block der Konsum-Belegschaft (38).

Silvester-Dekoration im Textilhaus Ihms, um 1955 (39).

Rundflüge mit dem Persil-Hubschrauber, Anfang der 50er Jahre (40).

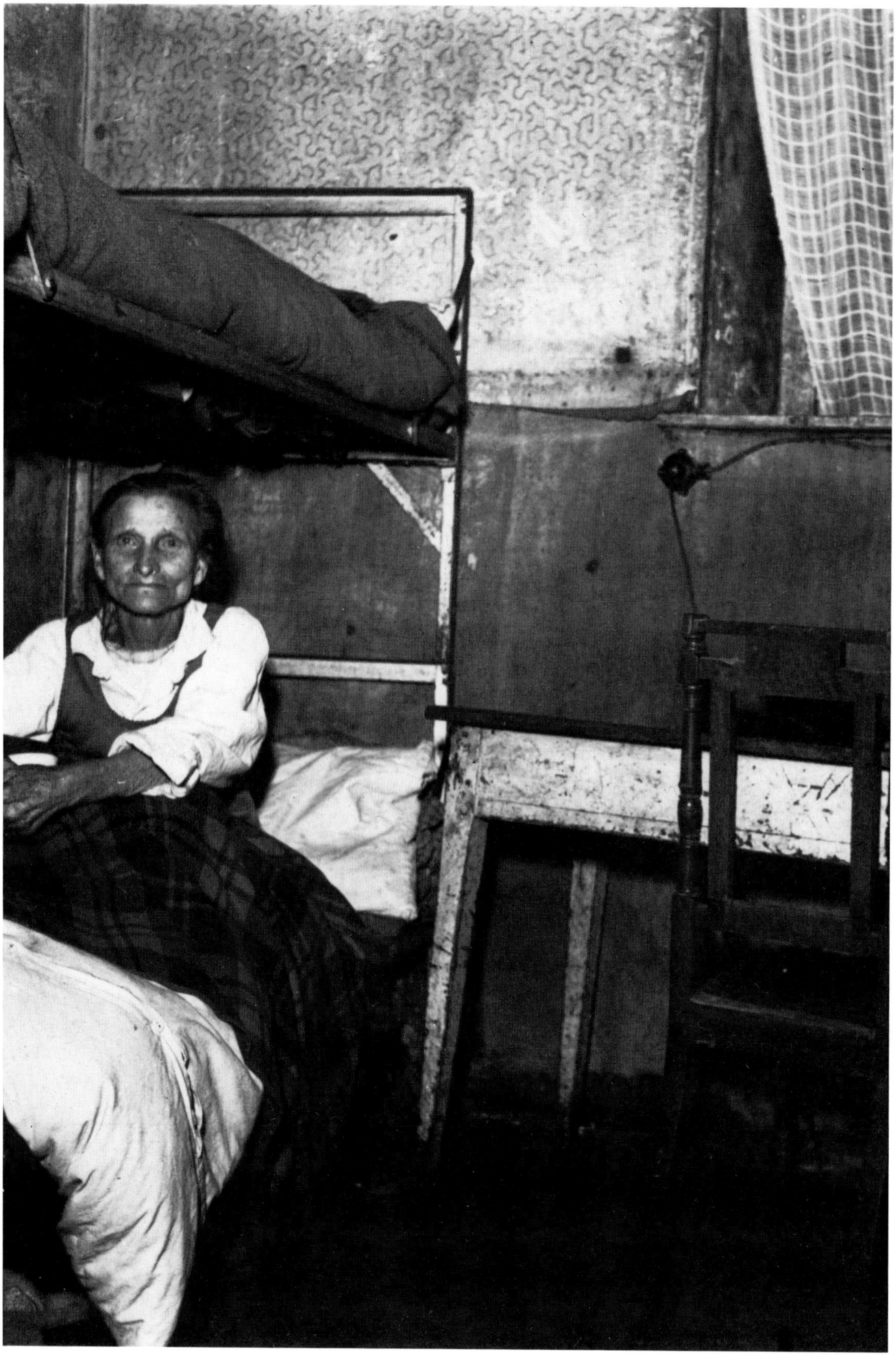

Die Wohnungsnot in den 50er Jahren war trotz des staatlich geförderten Wohnungsbaus ein weiterer Schönheitsfehler des „Wirtschaftswunders". Im Februar 1952 lebten nach einem Bericht des Wohnungsamtes noch 1808 Einwohner in 559 Elendsquartieren. Die Fotos zeigen Notquartiere im Haus Thiessensweg 11, Januar 1952 (41, 42).

Ende der 50er Jahre war die Wohnungssituation in Schleswig immer noch bedrückend: Nach einer städtischen Statistik fehlten Ende 1958 1228 Wohnungen. Von den vorhandenen Wohnungen erwiesen sich 134 als nur eingeschränkt bewohnbar. Fotos: Leben in Notquartieren in den frühen 50er Jahren (43, 44, 45).

„Die Menschen gewöhnen sich an Wunder" (Konrad Adenauer 1956): Der zunehmende Massenwohlstand weckte bei immer größeren Teilen der Bevölkerung immer neue materielle Bedürfnisse. Üppiger Konsum und materieller Besitz wurden zum Wertmaßstab erhoben und mitunter stolz zur Schau gestellt. Fotos: Silberne Hochzeit und Weihnachten in den 50er Jahren (46, 47).

Der wachsende Wohlstand spiegelte sich auch in der Welt der Kinder. Im Sommer 1952 gab es einen Tretroller-Boom. Nach einigen Unfällen warnten die „Schleswiger Nachrichten" vor der „gefährlichen Rolleritis" und baten die Eltern, ihre Kinder „unter scharfer Kontrolle zu halten" (48).

Weihnachtliches Kinderzimmer in den 50er Jahren (49).

Das Zeitalter des „täglichen Fernsehens" begann am 25. Dezember 1952 mit einem Kurzprogramm. Als am 26. Februar 1953 die erste TV-Übertragung vor einem Schaufenster der Firma Radio-Voigt zu sehen war, stauten sich dort viele Passanten. 1955 waren in der Bundesrepublik 100 000 Fernsehteilnehmer registriert, 1960 bereits vier Millionen. Foto: Ausstellung bei Radio-Voigt, um 1955 (50).

Die Lage der arbeitenden Bevölkerung war in den Aufbaujahren beschwerlicher, als die Werbefotos der Wäscherei Edelweiß und der Schlachterinnung vermuten lassen. Als besonders gravierend erwies sich die Benachteiligung der Frauen: Während männliche Facharbeiter 1951 in Schleswig-Holstein einen Durchschnittsbruttolohn von 1,60 DM pro Stunde erhielten, bekamen Facharbeiterinnen nur −,96 DM bis 1,12 DM (51, 52).

Wäscheannahme in der Firma Edelweiß, um 1950 (53).

Belegschaftsangehörige der Fleischwarenfabrik Gebr. Rasch AG, 1955 (54).

Um Arbeitsplätze zu schaffen und das Gewerbesteueraufkommen zu verbessern, bemühte sich die Stadt nach 1945 um die Ansiedlung von Industriebetrieben. Der Kampf um den Bau der Zuckerfabrik wurde 1952 vom Bundeskabinett zugunsten der Schleistadt entschieden. Am 1. November 1953 konnte die Zuckerfabrik, die jetzt weithin sichtbar das Stadtbild prägte, ihre erste „Kampagne" starten (55, 56, 57, 58).

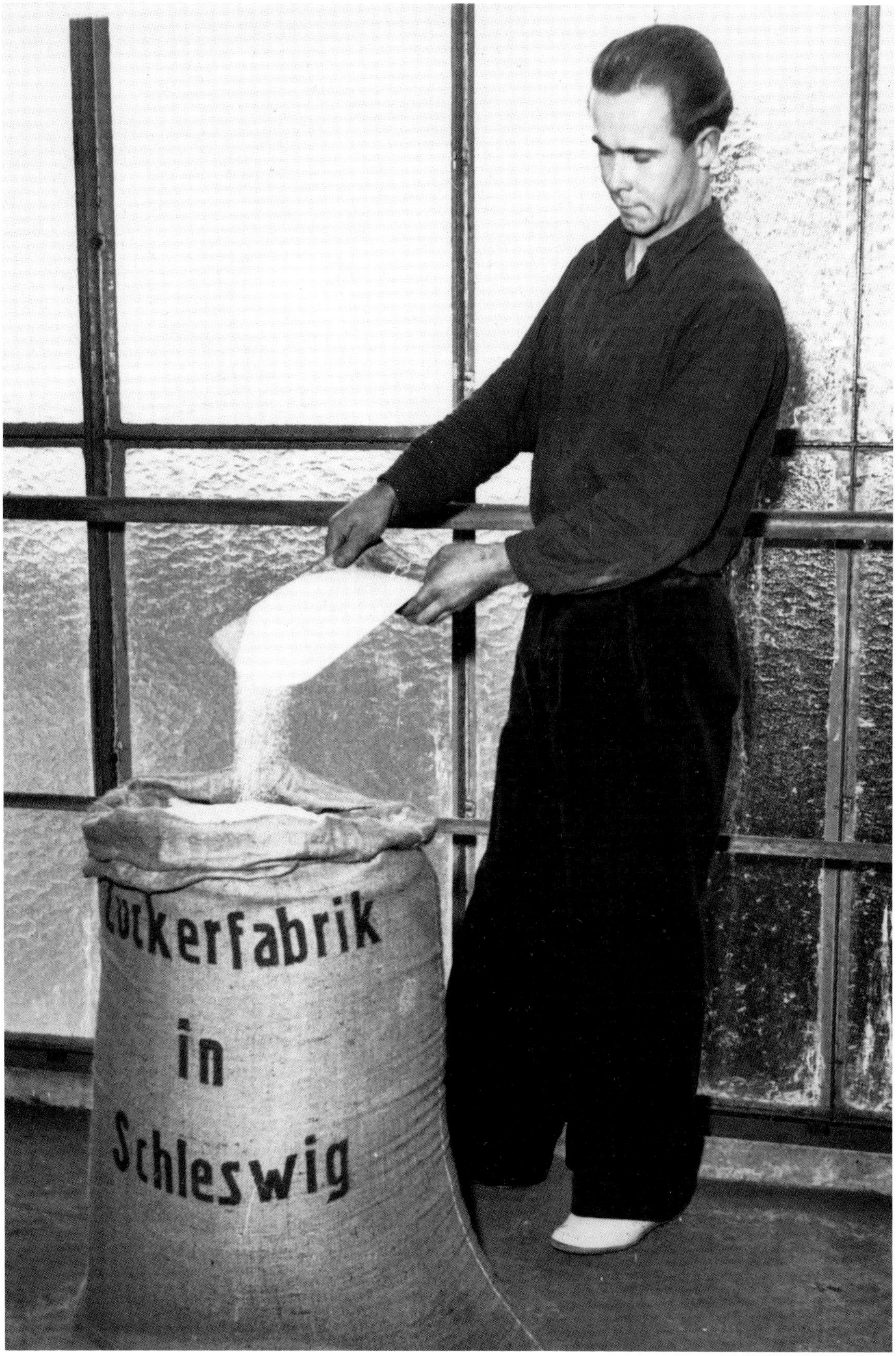
Zuckerfabrik
in
Schleswig

1955/56 erhielt der Domturm eine neue Ummantelung aus wetterfesten Steinen. Am 4. November 1956 wurde das sanierte neugotische Bauwerk in einem Festgottesdienst in Anwesenheit von Kultusminister Edo Osterloh eingeweiht (59).

Der Wohnungsbau gehörte zu den Pfeilern des wirtschaftlichen Aufschwungs. Bis 1960 wurden in Westdeutschland 5,7 Millionen Wohnungen fertiggestellt. In Schleswig entstanden in dieser Zeit – überwiegend aus öffentlichen Mitteln finanziert – in raschem Tempo neue Stadtteile im Norden und Süden. Foto: Neubaugebiet Dannewerkredder, um 1955 (60).

Am 31. August 1955 wurde der neue Zentrale Omnibusbahnhof (ZOB) eröffnet, der in seiner schlichten Bauweise im Stadtbild zwar keinen auffallenden Akzent setzte, aber zu einer Verbesserung des öffentlichen Nah- und Fernverkehrs beitrug (61).

Nach dem Krieg lebten auch in Schleswig die alten Sportvereine auf, und es wurden neue gegründet, darunter „Spezialvereine" wie der Aero-Club Schleswig. Die dänische Minderheit entwickelte eine eigene Sportbewegung im 1947 gegründeten Slesvig Idræts Forening (SIF). Foto: Mitglieder des Aero-Clubs beim Segelflugzeugbau, etwa 1952 (62).

Tradition: Regatta des Holmer Segler-Vereins mit Fischerkähnen, Anfang der 50er Jahre (63).

In Schleswig hatte der Segelsport schon vor dem Krieg Bedeutung. Im Juli 1950 fand die erste große Schleiwoche nach 1945 statt, die mit ihren Wettkämpfen zu einer festen Einrichtung im norddeutschen Segelsport wurde. Foto: Regatta während der Schleiwoche 1951 (64).

Am 25. März 1959 wurde der 1910 in Dresden geborene Jurist Dr. Werner Kugler mit den 18 Stimmen der „Deutschen Liste" bei Stimmenthaltung von SPD und SSW zum Bürgermeister gewählt. 1966 erfolgte seine einstimmige Wiederwahl für 12 Jahre. Kugler starb am 9. August 1973. In seine Amtszeit fielen wichtige Maßnahmen wie der Beginn der Altstadtsanierung und der Bau des Wikingturmes. Foto: Stadtrat Lossau überreicht Dr. Kugler die Ernennungsurkunde. In der Mitte Bürgervorsteher Dr. Wehn (65).

Besuch aus Bonn: Im September 1958 machte Bundeskanzler Adenauer in Schleswig Station, um sich durch das Landesmuseum für Vor- und Frühgeschichte führen zu lassen. Am 26. Juni 1959 kam Bundespräsident Heuss in die Schleistadt, wo er von Tausenden begrüßt wurde. Auch der Bundespräsident stattete den Landesmuseen einen Besuch ab (66, 67).

„Unternehmen Unterhose": Unter diesem Namen fand im Juli 1955 eine vom Rundfunk übertragene Tauchaktion vor Haithabu statt, bei der die 1953 begonnene Untersuchung versunkener Hafenanlagen und Wracks von Wikingerschiffen fortgesetzt wurde (68).

„Ist Schleswig älter als Haithabu?" fragten die „Schleswiger Nachrichten" im Dezember 1956, als bei Kanalisationsarbeiten in der Langen Straße viele mittelalterliche Gegenstände geborgen werden konnten. Nach einer 1957 durchgeführten Probegrabung begann aber erst 1969 die großflächige archäologische Untersuchung der Altstadt. Foto: Funde vom Dezember 1956 (69).

Modernisierung: Im Mai 1956 wurde ein neuer Müllwagen in Dienst gestellt – für die betroffenen Arbeiter eine wesentliche Erleichterung, weil das Auskippen der Mülltonnen nicht mehr durch Muskel-, sondern durch Maschinenkraft erfolgte. Allerdings gab es in dieser Zeit auch noch eine Fäkalienentsorgung per „Goldeimer" (70, 71).

Die 50er Jahre waren eine Ära des wirtschaftlichen, aber nicht des politischen Aufbruchs. Der Wahlkampfslogan Adenauers von 1957 „Keine Experimente!" wurde zum Inbegriff für das gesellschaftspolitische Klima eines ganzen Jahrzehnts. In dieser Atmosphäre hatten Versuche, an die Vergangenheit anzuknüpfen, oftmals Erfolg. So kam es 1952 in Schleswig zur Neugründung einer Ortsgruppe des „Stahlhelm" und seiner Frauengruppe „Luisenbund", benannt nach der preußischen Königin Luise. Der Raum in der „Strandhalle" war mit einer Büste der Königin und einer schwarz-weiß-roten Fahne dekoriert. Foto: Einmarsch der Standarten und Fahnen bei einem Treffen ehemaliger Husaren im „Hohenzollern", November 1956 (72).

Mitglieder einer Schleswiger Loge, 1959 (73).

Am 25. August 1950 wurden die ersten neueingerichteten Museumsräume im Schloß Gottorf eröffnet. Mit dem weiteren Aufbau der Landesmuseen entstand auf der Schloßinsel ein Kulturzentrum, dessen Ausstrahlung weit über Schleswig-Holstein hinausreichte. Das Foto zeigt eine Fernsehdiskussion über Museumsfragen im Schloß Gottorf (74).

Zu einem festen Bestandteil des Schleswiger Kulturprogramms entwickelten sich im Schloß Gottorf die Schloßkonzerte, die seit 1951 durchgeführt wurden, und ab 1964 die Schloßhofspiele des Landestheaters (75).

Wurden die anspruchsvollen Kulturangebote von allen genutzt? In den 50er Jahren hatten Gefühlsschnulzen und Kitsch in der Bundesrepublik Hochkonjunktur, und das Wort von der „Gartenzwergkultur" machte die Runde. Fotos: Betriebsfest in den 50er Jahren (76, 77).

Von den drei Schleswiger Schützengilden trat die Lollfußer Gilde nach 1945 als erste zusammen. 1949 feierte sie anläßlich ihres 250jährigen Bestehens ein großes Schützenfest, bei dem allerdings wegen der Beschlagnahme aller Gewehre mit der Armbrust geschossen werden mußte. In den Jahren des „Wirtschaftswunders" trat der Vergnügungscharakter der Schützenfeste wieder stärker in den Vordergrund (78, 79, 80, 81).

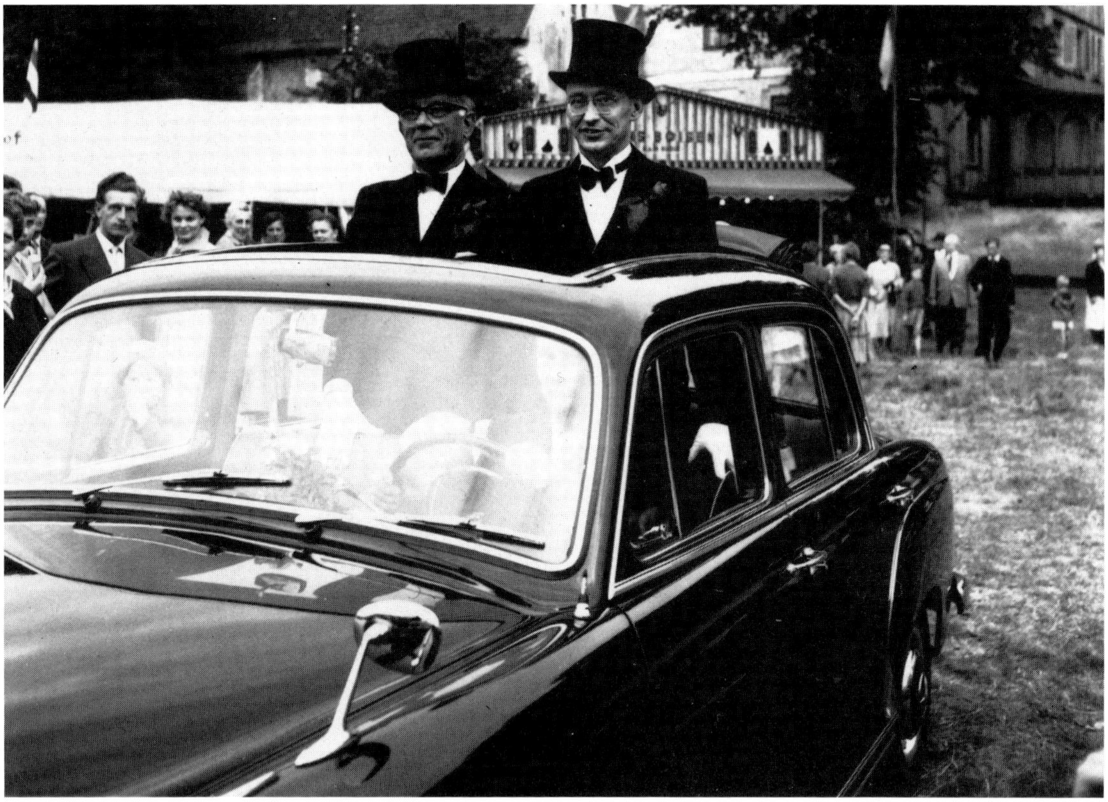

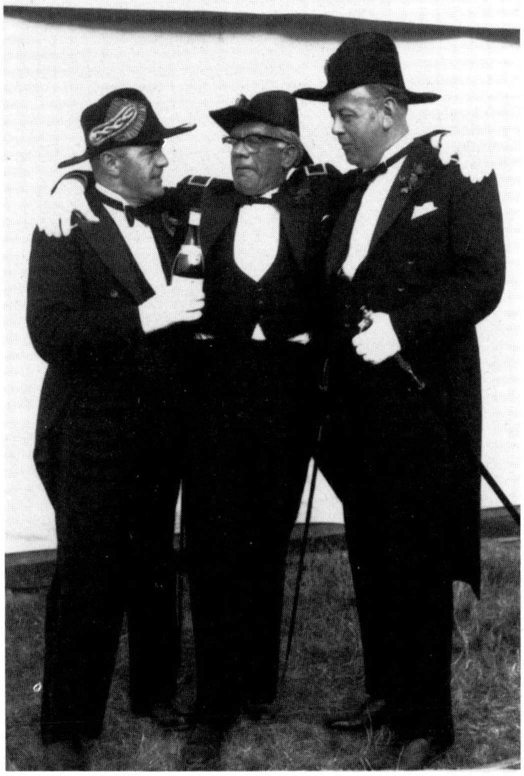

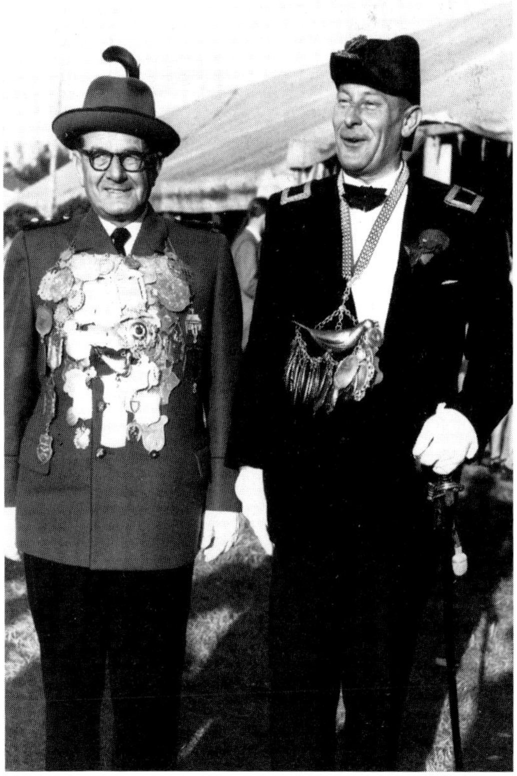

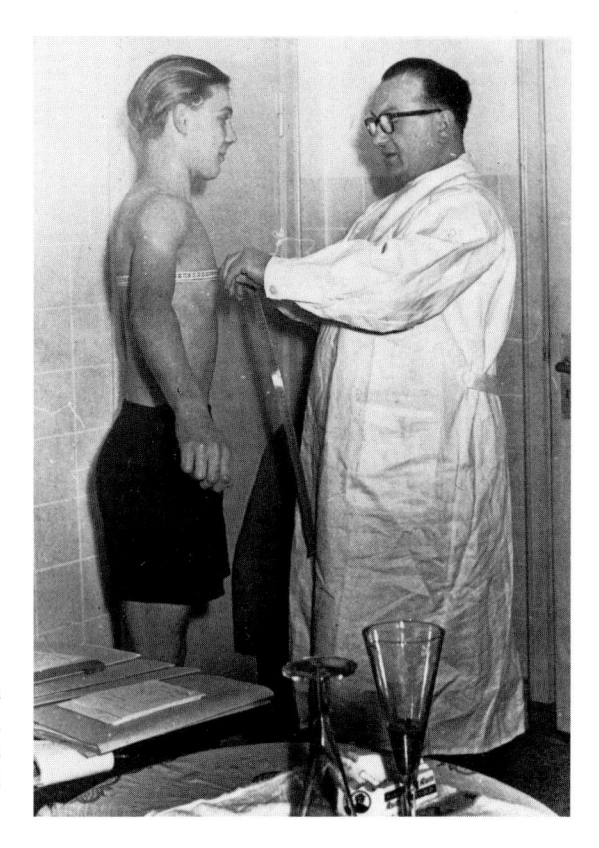

Musterung: Der Aufbau der Bundeswehr machte Schleswig wieder zur Garnisonstadt. Im Juli 1956 rückten die ersten Soldaten in die Kaserne des ehemaligen Seefliegerhorstes Auf der Freiheit ein (82, 83).

Rekrutenvereidigung im Kasernengelände auf der Freiheit, um 1956 (84).

Mit Strohhut und Bambusstock: Junge Reservisten im Stadtweg, Oktober 1959 (85).

Ende 1959 wurde der Capitolplatz zu einem – für die damaligen Verhältnisse – modernen Parkplatz umgebaut. Die „Schleswiger Nachrichten" lobten das Werk als „hervorragenden Beitrag zur Stadtverschönerung". Die drei Gebäude im rechten Foto – Kaufhaus Nissen, Kreissparkasse und Ravens Hotel – sind ebenso wie die Michaeliskirche im Hintergrund später abgerissen worden (86, 87, 88).

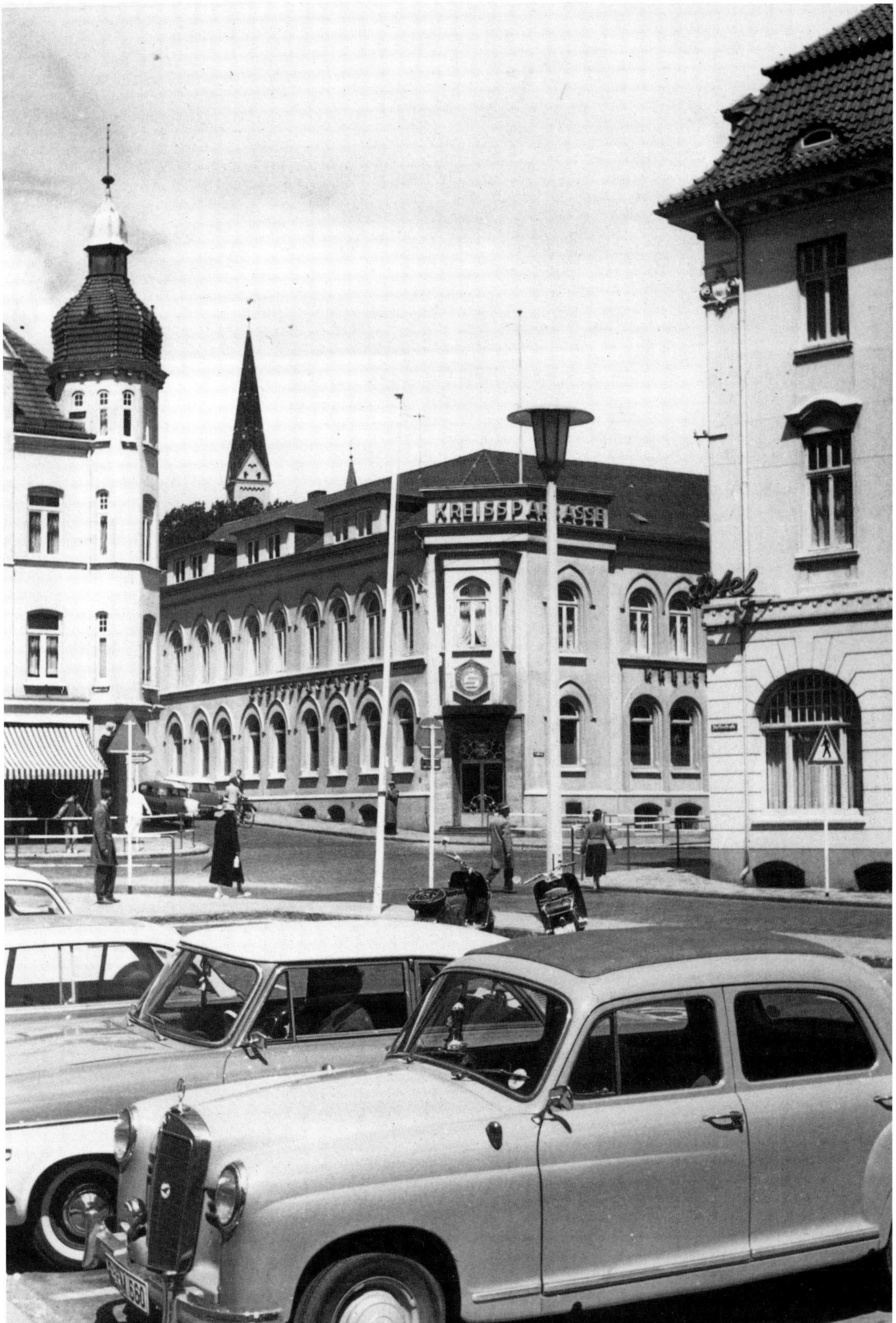
KREISSPARKASSE

Anfang der 60er Jahre eröffneten die ersten Supermärkte. Dennoch konnte sich der „Tante-Emma-Laden" zunächst behaupten: Das Adreßbuch von 1965 verzeichnete noch 76 „Kolonialwaren-" und 49 „Genußmittelgeschäfte" (89, 90).

„Schöner Wohnen": Das „Wirtschaftswunder" sorgte dafür, daß solche Sehnsucht in Erfüllung ging. Doch nur eine Minderheit der Deutschen stattete sich mit extravaganten Einrichtungsgegenständen im Stil des Nierentisches aus. Die Fotos zeigen eine Schleswiger Wohnung Anfang der 60er Jahre (91, 92).

Verkehrsspitze im Stadtweg: Im Juni 1960 klagten die „Schleswiger Nachrichten" über den „ununterbrochen flutenden Strom des Verkehrs" nach Feierabend in der Innenstadt. Zwei Jahre später schrieb die Zeitung angesichts zahlreicher tödlicher Verkehrsunfälle: „Der Mensch der Gegenwart ist vom Geschwindigkeitsrausch befallen, der in bestimmten Fällen wohl das Gefühl für Gefahr auslöscht" (93, 94).

Am 14. März 1961 kam Bundeswirtschaftsminister Erhard, der „Vater des Wirtschaftswunders", zum Auftakt der Bundestagswahl nach Schleswig. Seine Rede hatte einen skeptischen Unterton: Trotz ständig wachsenden Wohlstands sei in der Bevölkerung „nicht Beruhigung, sondern Mißbehagen und Mißvergnügen" entstanden (95).

Pudelschau in Schleswig im Mai 1961 mit überregionaler Beteiligung. Sieger wurden die Pudel „Heidi von der Papenburg" und „Desirée vom Schloß Ruhwald" (96).

Die wachsende Ost-West-Spannung zu Beginn der 60er Jahre beeinflußte auch den Alltag der Schleswiger Bevölkerung. Foto: „Aktion Selbstbestimmung" mit Schülern der Wilhelminenschule im Juni 1960 (97).

Kundgebung des Kuratoriums Unteilbares Deutschland am 20. August 1961 vor dem Rathaus anläßlich des Berliner Mauerbaus (98).

Schleswig im Fernsehen: Im Januar 1961 trat eine Schleswiger Delegation mit Bürgermeister Dr. Kugler an der Spitze in Hans-Joachim Kulenkampffs Sendung „Kleine Stadt – ganz groß" gegen Konstanz an. Schleswig unterlag. Viele Bürger waren verärgert, weil Konstanz angeblich professionelle Wettkämpfer geschickt hatte und die Stadt als Trostpreis eine Bank ohne Lehne erhalten sollte (99, 100).

Die enge Zusammenarbeit zwischen der Stadt und dem Landeskulturverband brachte schon in den 50er Jahren spektakuläre Kulturveranstaltungen nach Schleswig. Herausragend war die „Begegnung mit der DDR" im September 1958. In den 60er Jahren folgten „Begegnungen" mit Schweden, Polen, der CSSR und Ungarn. Foto: Dr. Theo Christiansen, der Leiter des städtischen Kulturamtes und geschäftsführende Vorsitzende des Landeskulturverbandes, bei der „Begegnung mit Schweden" im November 1963 (101).

Die Ära der Beatmusik beginnt: Nach 1960 entwickelte sich die „Stampfmühle" (heute „Waldhotel") zu einer Hochburg der neuen Musikrichtung. Bekannte Interpreten wie Tony Sheridan, The Vampires und Spotniks sorgten für Furore. Foto: Die Beatgruppe „The Raylettes" auf der Bühne der „Stampfmühle", um 1962 (102).

1960 wurde Karl Vibach, ein Assistent von Gustaf Gründgens, neuer Intendant des Landestheaters. Vibach war ein Verfechter des „komödiantischen Theaters". Foto: Heinz Reincke (rechts) als Beckmann in „Draußen vor der Tür" von Wolfgang Borchert (Spielzeit 1961/62) (103).

Szene aus dem Western „Prairie-Saloon" in der Spielzeit 1960/61 (104).

„Üben, üben, üben, das ist zu allen Zeiten ein Grundsatz des militärischen Lebens gewesen. Er gilt auch heute noch ... Sonntag in aller Morgenfrühe rückte das Fla-Btl. 6 zum Scharfschießen nach Munster aus" schrieben die „Schleswiger Nachrichten" am 18. April 1961 zu diesem Foto (105).

Am 24. Juni 1960 hielt Bundesverteidigungsminister Strauß im überfüllten Saal des „Hohenzollern" eine Rede vor dem Hintergrund des eskalierenden Ost-West-Konfliktes. Strauß betonte, daß die europäisch-amerikanische Gemeinschaft „das starke Gegengewicht gegen den Osten" sei (106).

Demonstration eines Brückenschlages über die Schlei anläßlich des zehnjährigen Bestehens des Schweren Pionierbataillons 718 im September 1967. Die Brücke hatte eine Länge von 1150 m. Was auf dem Foto als das Ende der Brücke erscheint, war in Wirklichkeit das beginnende Mittelstück (107).

Tag der offenen Tür bei der Schleswiger Bundeswehr am 22. August 1959 (108).

Flugtag in Jagel am 27. August 1961 (109).

1958 wurde der Flugplatz Jagel, auch Schleswig-Land genannt, von der Bundesmarine in Betrieb genommen: Das Marinefliegergeschwader 1 (MFG 1) entstand. Bei ihrem Großflugtag am 27. August 1961 präsentierten die Marineflieger vor 100 000 Besuchern eine eigene Kunstflugstaffel (110).

Im November 1963 rüstete das MFG 1 auf den „Starfighter" um, der wegen zahlreicher Abstürze in die Schlagzeilen geriet. Bei 30 Starfighter-Unfällen, von denen das MFG 1 betroffen war, starben 9 Piloten (111).

Abriß: In den 50er und 60er Jahren fehlte es noch vielfach an Verständnis für den Wert historischer Bausubstanz. So wurde 1960/61 der südliche Teil des Ostflügels im Graukloster abgerissen und dabei ein Rest der mittelalterlichen Wandmalerei zerstört. Kleine Fragmente dieser Wandstücke gelangten in das Städtische Museum und in das Landesmuseum (112, 113).

Aufbau: Zu einer der größten Baumaßnahmen in der Nachkriegszeit entwickelte sich der Bau des Krankenhauses in der ersten Hälfte der 60er Jahre. Träger des neuen Krankenhauses wurde ein Zweckverband des Kreises und der Stadt (114, 115).

„Tag der Deutschen Einheit" am 17. Juni 1962. Das Programm bestand aus einer Gedenkveranstaltung im Stadttheater und einer „Feierstunde der Jugend" auf dem Jahnplatz, wo Lichterketten symbolisch die Landkarte Deutschlands (in den Grenzen von 1937) darstellten (116).

Die Eingliederung der vielen Flüchtlinge und Vertriebenen begann 1950 stetig. In der Folgezeit bemühten sich die Landsmannschaften, ihre kulturelle Identität zu bewahren. Foto: Erntefest der Pommerschen Landsmannschaft im Oktober 1960 (117).

„Tag der Heimat" am 12. September 1965. Ministerpräsident Dr. Lemke, von 1937 bis 1945 Bürgermeister in Schleswig, betonte in seiner Ansprache auf dem Jahnplatz, daß es „im Osten um die Wiederherstellung des Rechts geht" (118).

„Allein gegen alle": Im Februar 1963 stellte sich ein Schleswiger Expertenteam in einem Rundfunkquiz den kniffligen Fragen der Hörer. Von den fünf Fragen beantwortete Schleswig nur zwei und schied aus dem Wettbewerb aus (119).

Nach Ausgrabungen in den vorangegangenen Jahrzehnten begann das Landesmuseum für Vor- und Frühgeschichte 1962 ein großangelegtes archäologisches Forschungsprojekt in Haithabu. Dieses von der Deutschen Forschungsgemeinschaft geförderte Vorhaben sollte die Entstehung der mittelalterlichen Stadt am Beispiel der Wikingersiedlung am Haddebyer Noor erhellen. Mit den Ausgrabungen der Jahre 1979 bis 1980 im Hafenbereich fanden diese Untersuchungen ihren vorläufigen Abschluß. Foto: Ausgrabung in Haithabu, Oktober 1964 (120).

In den 60er Jahren noch beschwerlicher Alltag, heute fast Nostalgie: Postdienst per Fahrrad außerhalb des Stadtzentrums (121).

Das 50jährige Dienstjubiläum des bahnamtlichen Expreß- und Gepäckspediteurs Johannes Bruns im April 1961 war zugleich ein Abschied: An die Stelle seines Pferdefuhrwerks trat ein motorisierter Lieferwagen. „Damit verschwindet erneut ein Pferdepaar aus dem Schleswiger Straßenbild, und es wird nicht mehr lange dauern, daß eine Aufnahme wie die, die Johs. Bruns und seine Pferde zeigt, zu einer Seltenheit geworden ist" kommentierten die „Schleswiger Nachrichten" dieses Foto (122).

„Sprechende Touristensäule" an der Schleswiger Umgehungsstraße, Juli 1964. Nach dem Einwurf einer 50-Pfennig-Münze erhielt der Schleswig-Besucher eine auf Tonband gespeicherte mehrsprachige Erläuterung des vor ihm liegenden Stadtpanoramas und der Stadtgeschichte. Diese moderne Informationseinrichtung bewährte sich jedoch nicht und wurde wieder abgebaut (123).

Das im Dezember 1964 fertiggestellte erste Schleswiger Wohnhochhaus. Kritiker bemängelten die Höhe des Wohnblocks, der im Stadtteil St. Jürgen die Horizontlinie der Stadtsilhouette durchbrach (124).

Ein Wagen der Kreisbahn auf der Kreuzung Lange Straße/Königstraße im April 1957 (125).

Abschied von der Schiene: Am 11. April 1965 fuhr der letzte Personenwagen auf der Kreisbahnstrecke Schleswig—Satrup. Eine neue Omnibuslinie übernahm die Beförderung der Fahrgäste (126).

Die 1949 in Schleswig gegründete Gemeinnützige Wohnungsbaugesellschaft Nord EG (Gewoba), die sich zunächst besonders der Wohnungsbeschaffung für Flüchtlinge und Vertriebene widmete, leistete in den 50er und 60er Jahren einen wichtigen Beitrag zur Deckung des Wohnungsbedarfs in der Stadt. Die 1966 aufgenommenen Fotos zeigen Gewoba-Bauten in Schleswig-Süd (127, 128).

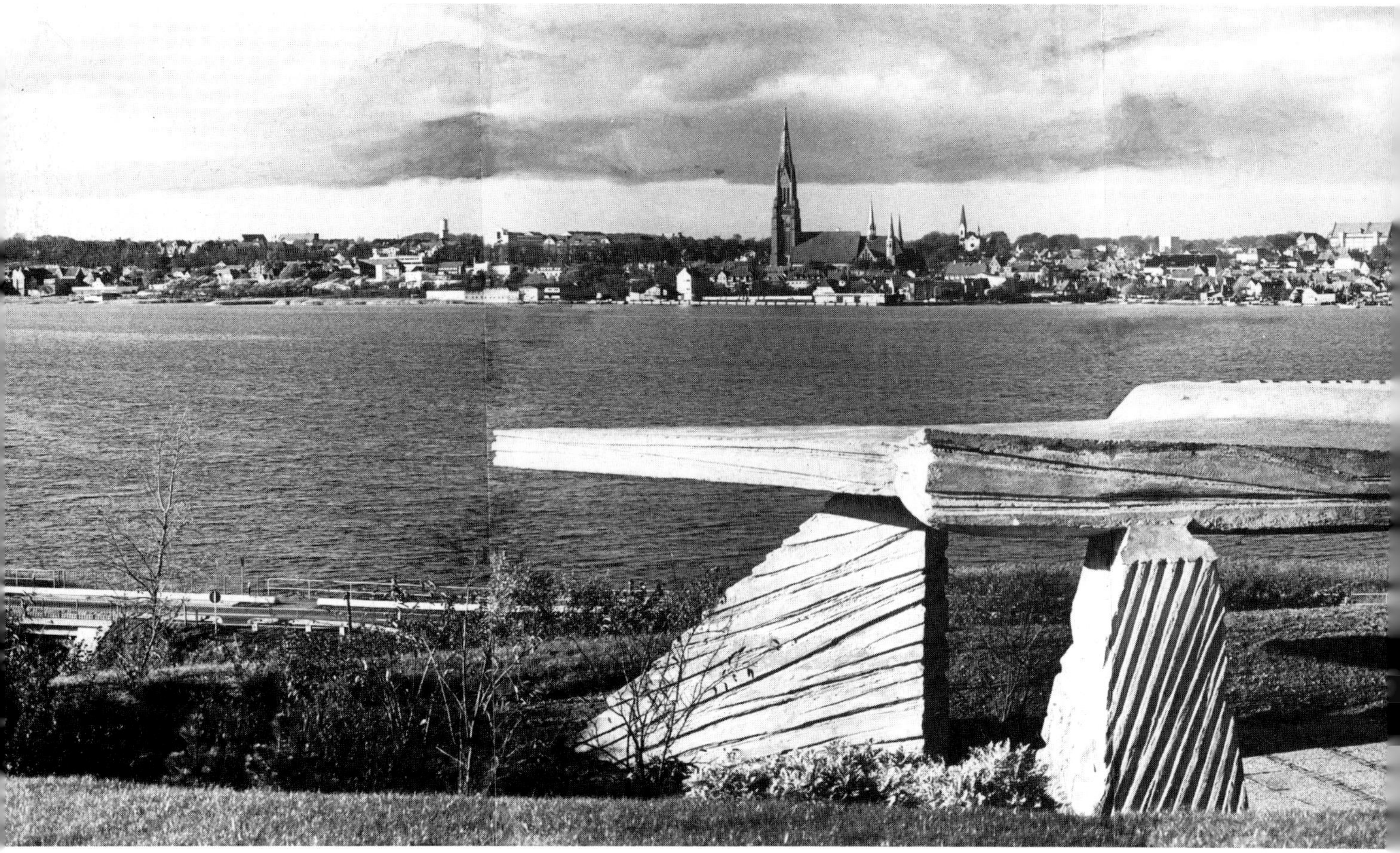

Blick vom Karberg an der B 76 auf Schleswig, November 1966. Im Vordergrund das neue Ehrenmal für die Opfer des 2. Weltkrieges. Gravierende Veränderungen gegenüber früheren Ansichten zeigt dieses Panoramafoto nicht. Einen neuen Akzent setzen vor allem die in die Höhe ragenden Neubauten in St. Jürgen. Nicht im Bild zu sehen sind die Zuckerfabrik und die Umgehungsstraße, die das Gesicht der Stadt in den Jahren 1945 bis 1968 am stärksten beeinflußten. Seit den 70er Jahren nimmt der Wikingerturm eine beherrschende Stellung im Panorama Schleswigs ein (129).

Veränderungen im Stadtbild: 1966 errichteten die Stadtwerke am Georg-Pfingsten-Weg einen neuen Hochdruckgasbehälter in Kugelform. Der alte Niederdruckbehälter auf der Gaswerkhalbinsel (heute Standort des Wikingturms) wurde als störender Faktor im Stadtbild betrachtet und 1967 abgebrochen (130, 131).

Alt und neu im Stadtweg: Das Haus Stadtweg 64, im Mai 1964 abgebrochen, und das an dieser Stelle erbaute Kaufhaus Grimme (jetzt, mit neuer Fassade, Kaufhaus Karstadt) – eine aus heutiger Sicht bedauerliche Bausünde (132, 133).

Im Dezember 1957 begann der Bau der lange Jahre umstrittenen Umgehungsstraße, die das Verkehrsnadelöhr Schleswig sprengen sollte. Die Bauarbeiten vollzogen sich in mehreren Abschnitten und waren der tiefgreifendste Einschnitt in die Stadtlandschaft seit dem Bau des Domturmes im 19. Jahrhundert. Foto: Der Damm an der Schlei entsteht, April 1959 (134).

Bau der Umgehungsstraßenbrücke Gottorfstraße/Brockdorff-Rantzau-Straße, 1961 (135).

Der „Gottorfer Knoten" vor der Fertigstellung, August 1961 (136).

Der dritte Bauabschnitt: Kreuzungsfreie Zu- und Abfahrten an der Anschlußstelle hinter dem Oberlandesgericht nehmen Gestalt an, Mai 1967 (137).

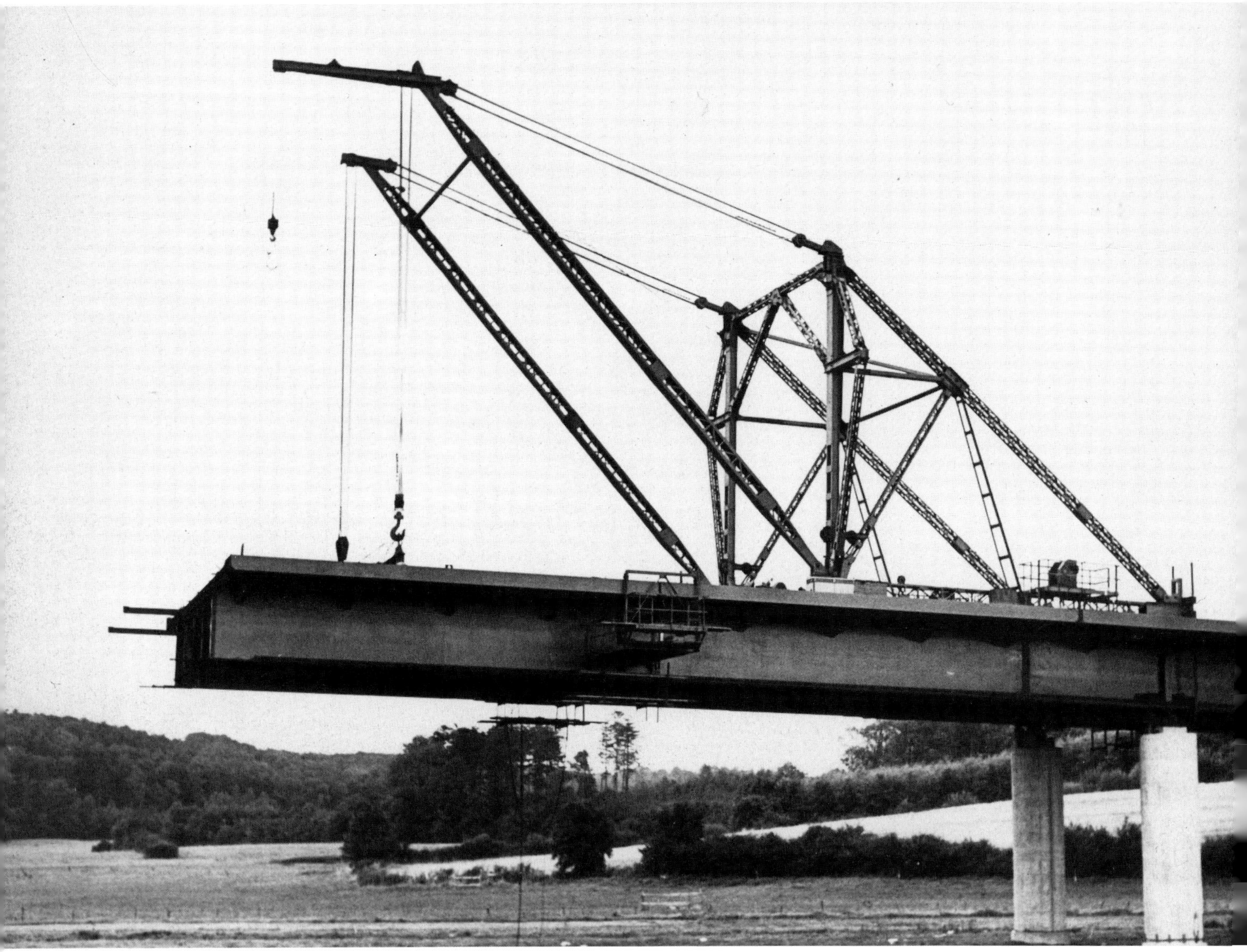

Das letzte Teilstück des „Jahrhundertprojektes":
Bau der Hasselholmer Talbrücke, September 1966
(138).

Am 29. September 1967 gab Landesverkehrsminister Knudsen das letzte Teilstück der Umgehungsstaße für den Verkehr frei. Bürgervorsteher Dr. Hase befand: „Eine großartige und schöne Straße" (139).

Das „Flensburger Tageblatt" erschien seit 1. Dezember 1949 für Schleswig und Umgebung unter dem Kopf „Schleswiger Nachrichten" mit einem umfangreichen Lokalteil, der auf einer Rotationsmaschine im Haus Stadtweg 54 gedruckt wurde. Foto: „Wassertaufe" (Gautschen) von Gutenbergjüngern in der Druckerei der „Schleswiger Nachrichten", Mai 1966 (140).

Vereitelte Eroberung: Ende Juli 1966 kam das nachgebaute dänische Wikingerschiff „Imme Gram" nach Schleswig. Die Stadt befand sich im „Belagerungszustand". Mit einem Sack Münzen − vermutlich aus Schokolade − konnte Bürgermeister Dr. Kugler die Stadt schließlich freikaufen (141).

Abfahrt des Wikingerschiffes „Imme Gram",
25. Juli 1966 (142).

Politikerprominenz in Schleswig: Willy Brandt, Außenminister der Großen Koalition, bei einer Besichtigung der Nydamhalle, 17. April 1967 (143).

Bundeskanzler Kiesinger und Bundesminister Stoltenberg auf dem Capitolplatz, 7. April 1967 (144).

SPD-Landesvorsitzender Jochen Steffen auf dem außerordentlichen Landesparteitag der SPD in Schleswig, 21. September 1968 (145).

Bundespräsident Lübke vor dem Historischen
Gasthaus Haddeby nach einer Besichtigung der
Ausgrabungen in Haithabu, 19. Juni 1967 (146).

100 Jahre Freiwillige Feuerwehr in Schleswig: Jubiläumsmarsch durch die Stadt, Juli 1966 (147).

Übung vor dem „Capitol" beim Kreisfeuerwehrtag 1952 (148).

Die Belegschaft der später abgebrochenen Getreidemühle Sahr & Kähler, Friedrichstraße 19, um 1963/64 (149).

Mitarbeiterinnen und Mitarbeiter des Kaufhauses Uldall (früher Textilhaus Nissen), Stadtweg 20, um 1964. Das Gebäude wurde später im Zuge der Altstadtsanierung abgerissen (150).

Modenschau mit Minikleidern beim 75jährigen
Jubiläum der Firma Ihms, Juni 1967 (151).

Große Frisurenschau der Friseur-Innung im Juni 1968. Im Mittelpunkt des Interesses standen der extravagante „Heidschnucken-Look" für Damen und die neuen Toupet-Modelle für Herren (152, 153).

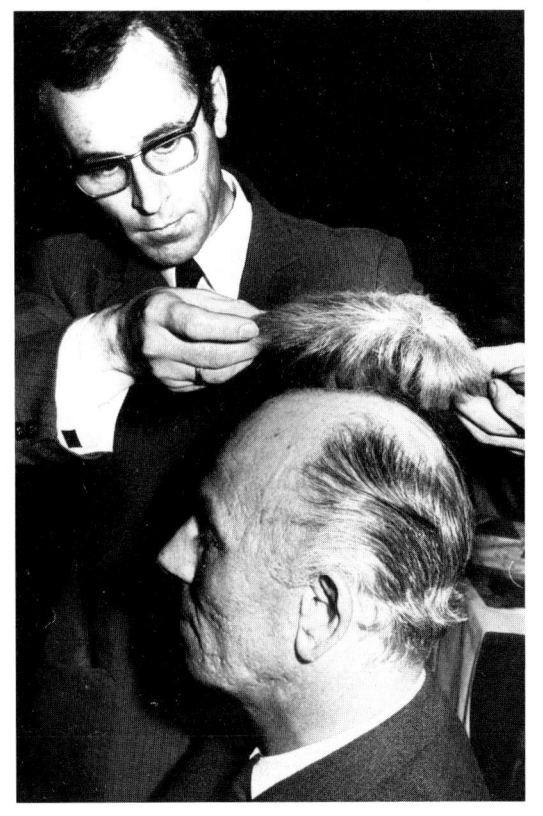

Ein Saal der Schleihalle in den 40er Jahren (154).

Als Tanzcafé und Varieté hatte sich die Schleihalle weit über Schleswig hinaus einen Namen gemacht. Am 15. Februar 1968 schloß das Etablissement seine Pforten. Das Gebäude mußte dem Ausbau der Kreuzung Lollfuß/Schleistraße weichen.
Foto: Abbruch der Schleihalle, 25. April 1968 (155).

„Dies waren die gastlichen Räume der Schleihalle, die nun abgebrochen werden" (Schleswiger Nachrichten, 30. April 1968) (156).

Die im Oktober 1968 errichtete Tafel auf dem Gelände der ehemaligen Schleihalle signalisierte, daß mit der Erhebung Schleswigs zum Bundesausbauort die Weichen für die spätere Altstadtsanierung gestellt waren (157).

Schiffbau in Schleswig: Die Ostsee-Werft Karl Vertens GmbH beschäftigte sich nach 1945 mit dem Bau von kleinen militärischen Wasserfahrzeugen, Schiffen für die Fischerei und Sportbooten. Eine Spezialität der Werft war die Fertigung von Tragflächenbooten. Foto: Stapellauf einer Motorjacht, August 1968 (158).

Die „wilden 60er": „The Beatniks" waren nach 1965 die Lokalmatadoren der Schleswiger Beatmusikszene. Am 26. Dezember 1967 belegte die Gruppe bei einem Nachwuchswettbewerb der Europawelle Saar den ersten Platz unter 700 Bands (159).

„The Beatniks" und Mitglieder der „Lords" aus Berlin, um 1968 (160).

1968 – Jahr des Protestes: „Gerechtigkeit für die Bauern!" Das war der Tenor der Demonstration, zu der die Kreisbauernverbände von Schleswig, Flensburg und Eckernförde aufgerufen hatten. Annähernd 5000 Landwirte versammelten sich am 16. März vor dem Oberlandesgericht (161).

28. Februar 1968: Schüler und Studenten demonstrieren gegen den Krieg in Vietnam. Kommentar der „Schleswiger Nachrichten": „Für die Polizei kein Problem". Zu handgreiflichen Auseinandersetzungen zwischen der Polizei und Demonstranten kam es aber im Dezember 1968, als Jugendliche die Friedrichsberger Lichtspiele blockierten, in denen der amerikanische Vietnam-Film „Die grünen Teufel" gezeigt wurde (162).

Volkstrauertag 1968: Junge Schleswiger protestieren mit einem Transparent. In einem Leserbrief verteidigten sie sich später gegen den Vorwurf, die Veranstaltung gestört zu haben: „Besser eine Jugend, die kritisch demonstriert, als eine Jugend, die stumpf marschiert" (163).

Chronik

1963

4. Jan.	Das Deutsche Fernsehen zeichnet die Aufführung des „Musterknaben" im Landestheater für das Zweite Programm auf.
10. Jan.	Das Schleswiger Kulturzentrum „Brücke" befindet sich jetzt am neuen Standort im „Martha-Haus" in der Königstraße 30.
11. Jan.	Brand in der Ziegelei Pulverholz. Ein großer Teil der Produktionsanlagen wurde zerstört.
12. Jan.	Verbot des Befahrens der zugefrorenen Schlei mit Autos.
14. Jan.	Der starke Frost zerbrach ein Wasserrohr und legte die Wasserversorgung für Friedrichsberg und Busdorf lahm.
15. Jan.	Im Stadtgebiet ist der Boden bis zu 0,75 m Tiefe gefroren.
22. Jan.	Die Presse meldet Tollwutgefahr für den Kreis Schleswig.
28. Jan.	10 Jahre Fernsehen in Schleswig: Am 28. Januar 1953 sahen geladene Gäste das erste in Schleswig gezeigte Programm.
29. Jan.	Heinz Rippert wurde neuer Intendant des Schleswig-Holsteinischen Landestheaters.
11. Febr.	Bürgermeister Dr. Kugler verleiht zwölf Sturmflut-Gedenkmedaillen an Schleswiger Einwohner.
18. Febr.	In der Rundfunk-Unterhaltungssendung „Allein gegen alle" unterlag das Schleswiger Team.
20. Febr.	Der Dom ist wieder Baustelle. Einbau einer neuen Orgel.
28. Febr.	Der Brüggemann-Altar im Fernsehen.
4. März	Erste Hauptversammlung der Nordfleisch AG. Beginn der Schlachtung Anfang Mai.
5. März	Neue Schulbezirke in Schleswig.
9. März	„Europas Straßen sind Völkerbrücken". Bürgermeister Beisenkötter, Präsident der Arbeitsgemeinschaft „Europastraße 3", sprach in Schleswig.
3. April	Verabschiedung von Landestheaterintendant Karl Vibach, der von Schleswig nach Stuttgart geht.
6. April	Wiederwahl des Schleswiger Landrates Dr. Kühl.
14. April	Richtfest für das neue Fernmeldedienstgebäude an der Königstraße.
18. April	Einweihung der neuen St.-Jürgen-Schule.
21. April	Kultusminister Edo Osterloh eröffnet die Ausstellung „Alltag von einst. Arbeits- und Hausgerät aus zwei Jahrhunderten" im Schloß Gottorf.
25. April	Die ersten Parkuhren werden in Schleswig in den Straßen Stadtweg und Lollfuß aufgestellt.
3. Mai	Die „Schleswiger Nachrichten" melden: Die in Schleswig ansässige gemeinnützige Wohnungsbaugesellschaft Nord eG (Gewoba) hat seit 1950 2247 Wohnungen gebaut.
4. Mai	Das neuerrichtete Bettenhaus des Schleswiger Krankenhauses ist bezugsfertig.
13. Mai	Ein Uhu, der seit 1962 im Stadtgebiet lebte, ist eingegangen.
27. Mai	Schleswigs Tennisdamen wurden zum dritten Mal Landesmeister.

11. Juni	Die Alte Beliebung feiert ihr 334. Jahresfest.
26. Juni	Bundespräsident Lübke besuchte das Butterwerk.
1. Juli	Auflösung des Schleswiger Arbeitsamtes. Die Verwaltungs- und Versicherungsabteilung wird nach Flensburg verlegt, Arbeitsvermittlung und Berufsberatung bleiben in Schleswig.
2. Juli	Auftritt des Rockmusikers Tony Sheridan in der Stampfmühle.
8. Juli	Dramatischer Beginn der Schleiwoche: Gekenterte Boote, Mastbrüche und großer Materialschaden.
10. Juli	Der Zeitungsverleger Robert B. Lyon aus Schleswig (USA) besucht Schleswig.
23. Juli	Schleswigs Theater zwei Stunden im Fernsehen.
29. Juli	Nächtlicher Brand in der Faulstraße.
5. Aug.	Sieben Tote bei schwerem Verkehrsunfall.
1. Sept.	Eröffnung des Peermarktes, der 365 Jahre alt wird.
4. Sept.	Eine Serie von Einbrüchen beunruhigt die Schleswiger.
5. Sept.	Jahrestagung der bundesdeutschen Museumsfachleute.
10. Sept.	Bundesverkehrsminister Dr. Seebohm besucht die Stadt.
18. Sept.	Tag der Heimat.
2. Okt.	Auftritt der Wiener Sängerknaben im Stadttheater.
16. Okt.	Richtfest in der Mozartstraße: Die Gewoba baut Reihenhäuser für Kinderreiche.
17. Okt.	Das Feldartilleriebataillon 61 wird von Schleswig nach Albersdorf in Süderdithmarschen verlegt.
26. Okt.	Die Friedrichstraße muß wegen Kanalisationsarbeiten für drei Monate gesperrt werden.
4. Nov.	„Begegnung mit Schweden": Kultur aus dem Norden in Schleswig.
8. Nov.	Die Illustrierte „Constanze" zeigte Wintermode in der Schleihalle.
18. Nov.	7. Luftwaffendivision nach Schleswig verlegt.
3. Dez.	Der Film „Die Fischer vom Holm" im Fernsehen.
5. Dez.	Beginn des Besuchs des NATO-Oberbefehlshabers von Nordeuropa, Generalleutnant Tufte Johnson.
9. Dez.	Ausstellung der SPD „100 Jahre SPD – 100 Jahre deutsche Geschichte".
10. Dez.	Ein Supermarkt für Schleswig: Die Firma Eklöh GmbH in Köln eröffnet eine Filiale am Stadtweg mit einer Verkaufsfläche von 570 m².
30. Dez.	Marie Kronborg aus der Friedrichstraße vollendet ihr 102. Lebensjahr.

1964

6. Jan.	Der Diebstahl eines kompletten Lastzuges einer Schleswiger Spedition wird bekannt.
7. Jan.	Die beiden jungen Lkw-Diebe aus Schleswig wurden von DDR-Grenzbeamten nach dem Passieren der Grenze verfolgt und gefaßt. Die Behörden der DDR gaben den Lastzug zurück.
10. Jan.	Der 22jährige Dieb eines Busses konnte festgenommen werden. Johannes Hagge, Landrat und CDU-Bundestagsabgeordneter, gestorben.
13. Jan.	Militärkonzert im Stadttheater.

16. Jan.	Die Zeitung meldet einen tödlichen Verkehrsunfall auf der Umgehungsstraße.
20. Jan.	Abbruch des Gefängnisses hinter dem Amtsgericht.
22. Jan.	Überfall auf eine Filiale der Stadtsparkasse. Der Sparkassenräuber konnte im Nebel entkommen.
1. Febr.	Werbeaktion des Stadtjugendringes für das geplante Hallenbad.
5. Febr.	Der Turn- und Schwimmverein von 1864 feiert sein 100jähriges Bestehen.
6. Febr.	Orkanbö über Schleswig.
22. Febr.	Zusammenschluß des Altstädter, Lollfußer und Neustädter Bürgervereins.
25. Febr.	Der Kreisjugendring startet eine Sammlung für das geplante Hallenbad.
26. Febr.	Schleswigs älteste Bürgerin, Frieda Moltzen, wird 103 Jahre alt.
27. Febr.	Besuch des NATO-Oberbefehlshabers in Nordeuropa, Sir Robert Bray.
2. März	Auftritt des Entertainers Lou van Burg im „Hohenzollern".
4. März	Schau des Friseurhandwerks in der Schleihalle.
16. März	Die Firma Ludwig Hoffmann feiert ihr 100jähriges Bestehen.
5. April	Eröffnung einer Ausstellung zur Geschichte der Jagd im Schloß Gottorf.
16. April	Die Buchhandlung Bernaerts feiert ihr 125jähriges Bestehen.
22. April	Die Bezirksleitung der Gewerkschaft Nahrung, Genuß und Gaststätten wurde von Flensburg nach Schleswig verlegt.
1. Mai	Der letzte deutsche Flohzirkus gastiert in Schleswig.
4. Mai	Fortsetzung der Ausgrabungen in Haithabu.
6. Mai	Das Haus Stadtweg 64 muß einem Neubau des Kaufhauses Grimme weichen. Die historisch wertvollen Türen gelangen in das Städtische Museum.
7. Mai	Die Illustrierte „Constanze" zeigte Sommermode in der Schleihalle.
9. Mai	Tödlicher Badeunfall in der Schlei.
14. Mai	Inbetriebnahme einer neuen Ampelanlage am Gottorfer Kreuz und an der Schleihalle.
16. Mai	Auftritt der Schleswiger Beatformation „The Monkeys" im Prinzenpalais.
22. Mai	Ausstellung im Landesmuseum zum Thema „Deutsche Malerei heute".
27. Mai	Der NATO-Befehlshaber Ostseezugänge, der dänische Generalleutnant Wolff, besucht die 7. Luftwaffendivision.
30. Mai	Beginn der zweitägigen Großveranstaltung des „Deutschen Jugendkreises im Grenzland Schleswig".
31. Mai	Tag des Liedes. Schleswiger Chöre singen am Chemnitz-Bellmann-Denkmal.
8. Juni	Das Bonner Diplomatische Corps besichtigt den Dom.
12. Juni	Die deutschen Oberlandesgerichtspräsidenten zu Besuch in Schleswig.
13. Juni	Die Innenminister der Bundesländer besichtigten Schloß Gottorf und den Dom. Öffentliche Vereidigung von Wehrpflichtigen auf dem Jahn-Platz.
14. Juni	Tag der offenen Tür bei der Bundeswehr.
16. Juni	Der dänische Minister für Kulturelle Angelegenheiten, Julius Bornholdt, besucht in Begleitung von Ministerpräsident Dr. Lemke Schleswig.
17. Juni	Eröffnung neuer Schauräume im Städtischen Museum.
18. Juni	Zirkus Althoff in Schleswig.
4. Juli	Beginn der Schleiwoche. Über 100 Booote nehmen teil. Die Damen des Schleswiger Tennisclubs wurden Landesmeister.
6. Juli	Landesposaunenfest in Schleswig.

7. Juli	Aufstellung der ersten beiden Polizeirufsäulen in der Stadt. Orthodoxer Kirchentag in Schleswig mit Teilnehmern aus der Bundesrepublik und aus Dänemark.
11. Juli	Nach einem Zeitungsbericht forderten Badeunfälle in der Schlei in der ersten Sommerhälfte vier Todesopfer.
25. Juli	Premiere der Schloßhofspiele des Landestheaters mit dem Stück „Jedermann" von Hugo von Hofmannsthal.
6. Aug.	Die Stadtsparkasse eröffnet im Neubau am Brautsee 21 im Stadtteil St. Jürgen eine Filiale.
7. Aug.	Erste automatische Pkw-Waschanlage in Schleswig.
14. Aug.	Die Schleihalle und das Café „Eden" wurden an einen Hamburger Gastronomen verkauft.
5. Sept.	Im Schloß Gottorf wird der 100 000. Besucher des Jahres 1964 registriert.
12. Sept.	Das Etablissement „Stampfmühle", Veranstaltungszentrum für die Jugend, geht an einen neuen Besitzer über.
20. Okt.	Die Presse meldet einen Brand in der Schleihalle.
22. Okt.	Beginn einer zweitägigen Tagung des wissenschaftlichen Beirates des Deutschen Wetterdienstes.
23. Okt.	Besuch des amerikanischen Generalmajors W. G. Bell.
14. Nov.	Ansprache von Ministerpräsident Dr. Lemke: „Der Landesteil Schleswig muß eng mit dem Norden zusammenarbeiten".
18. Nov.	Der Stab des Fernmelderegiments 37 (spätere Bezeichnung: 34) wird von Rendsburg nach Schleswig verlegt.
23. Nov.	Landesparteitag der Gesamtdeutschen Partei (GDP) in Schleswig.
19. Dez.	Gastspiel der Kopenhagener Oper mit Mozarts Singspiel „Die Entführung aus dem Serail".
23. Dez.	Besuch des Minensuchbootes „Schleswig".
24. Dez.	Fertigstellung des ersten Schleswiger Hochhauses im neuen Stadtteil St. Jürgen.
30. Dez.	Marie Kronborg aus dem Friedrichsberg wird 103 Jahre alt.

1965

14. Jan.	Kultusminister von Heydebreck spricht in Ravens Hotel über „Aufgaben der Kulturpolitik in Gegenwart und Zukunft".
15. Jan.	Die Presse berichtet über einen Seehund im Holmer Noor, der dort als Heuler ausgesetzt worden sein soll.
29. Jan.	Im Bezirk des Postamtes Schleswig sind zum 1. Januar 12 287 Fernsehteilnehmer registriert.
30. Jan.	Der schwedische Erzbischof Gunnar Hultgren zu Gast bei der Ansgar-Feier.
6. Febr.	Der ADAC fordert weniger Fußgängerüberwege.
9. Febr.	Der Gottorfdamm wird an der Schleiseite erweitert, um die Sicherheit für Radfahrer zu verbessern.
12. Febr.	Die Kreisstelle des Bundesluftschutzverbandes informiert über die Notwendigkeit einer Grundausbildung für den Selbstschutz.

8. März	Landeswirtschaftsminister Böhrnsen spricht in Ravens Hotel.
20. März	Ein Hubschrauber stürzte aus 15 m Höhe nach der Berührung mit einer Hochspannungsleitung in den Langsee.
22. März	Bundesschatzminister Dollinger spricht im „Hohenzollern".
27. März	Begrünungsaktion im Stadtgebiet: 1965 werden 9200 junge Bäume und Sträucher gesetzt.
8. April	Jugendliche stahlen Autos und Waffen.
9. April	Gastspiel des Schleswiger Theaters in Stralsund.
12. April	Jazzkonzert der 61. US Army Band im Stadttheater im Rahmen der deutsch-amerikanischen Freundschaftswoche.
26. April	Ausstellung mit Arbeiten des Malers Friedrich-Karl Gotsch im Schloß Gottorf eröffnet.
20. Mai	Schallplattenaufnahmen mit dem Nordmark-Sinfonieorchester.
28. Mai	Bundesverkehrsminister Dr. Seebohm in Schleswig.
31. Mai	Kultusminister von Heydebreck eröffnete die Ausstellung „Prachtfunde der Bronzezeit" des Nationalmuseums Kopenhagen im Schloß Gottorf.
6. Juni	Im Baugebiet Schleswig-Süd entstehen mehr als 500 Wohnungen.
10. Juni	Eröffnung der Ausstellung „Unsere Luftwaffe".
11. Juni	Der dänische Ministerpräsident Krag besucht Schleswig.
12. Juni	Landesbühnentag des Niederdeutschen Bühnenbundes.
19. Juni	Die Zahl der Ferngespräche ist sprunghaft angestiegen. Täglich werden ca. 6000 Ferngespräche gezählt.
2. Juli	An der Schleiwoche nehmen über 120 Boote teil.
6. Juli	Die Presse meldet, daß sich der Kfz-Bestand im Kreis Schleswig in zehn Jahren versechsfacht hat.
	Die „Weltausstellung der Photographie" zum Thema „Was ist der Mensch?" im Schloß Gottorf findet großes Interesse.
10. Juli	Orthodoxer Kirchentag in Schleswig.
3. Aug.	Der Bundestagsabgeordnete Wolfgang Mischnick (FDP) spricht im „Hohenzollern".
4. Aug.	Bei der „Weltausstellung der Photographie" wurden in Schleswig 40000 Besucher gezählt.
10. Aug.	Mord in Schleswig. Ein Barackenbewohner erschießt einen Mitbewohner.
23. Aug.	Fischsterben im Brautsee. In den nächsten Tagen verenden 45 Zentner Fische.
25. Aug.	Bundesverteidigungsminister von Hassel spricht im „Hohenzollern".
2. Sept.	Rede von Bundeskanzler Erhard auf dem Jahnplatz.
	Richtfest für den Funktionstrakt des neuen Krankenhauses.
12. Sept.	Ministerpräsident Dr. Lemke spricht zum Tag der Heimat.
15. Sept.	Rede von Bundesaußenminister Dr. Schröder im „Hohenzollern".
19. Sept.	Bundestagswahl. Die Stadtergebnisse (Zweitstimmen) lauten: CDU 46,1%, SPD 39,8%, FDP 8,8%, NPD 4,6%, Sonst. 0,7%.
4. Okt.	Die Wiener Sängerknaben in Schleswig.
9. Okt.	Im Burggraben werden 173 Panzerfäuste aus dem Zweiten Weltkrieg entdeckt.
30. Okt.	10 Jahre „Gesellschaft für Schleswiger Stadtgeschichte".
	„Beat der Nationen" im „Hohenzollern" mit Tony Sheridan und anderen Beat-Gruppen.

15. Nov.	Der Verkehr brach im Schnee zusammen. Der Rundfunk mahnte, Schleswig zu meiden.
27. Nov.	Versuchsweise wird der Stadtweg an diesem Tag und am 4. Dezember gesperrt und zur Fußgängerzone umfunktioniert.
20. Dez.	Aufruf zur Sammlung von Ausstellungsstücken für das Städtische Museum.

1966

2. Jan.	Im Haushalt der Stadt wurden 3 Millionen DM als Baukosten für das Hallenbad veranschlagt.
14. Jan.	Die 16 städtischen Wahlbezirke für die im März stattfindende Kommunalwahl wurden neu eingeteilt.
19. Jan.	Ministerpräsident Dr. Lemke bei der Schleswiger Bundeswehr.
5. Febr.	Bundesminister Stoltenberg in Schleswig.
7. Febr.	Quizabend mit Lou van Burg im „Hohenzollern".
11. Febr.	60jähriges Jubiläum des Sportvereins Schleswig 06.
3. März	Rede von Bundesminister Stoltenberg im „Hohenzollern".
8. März	Jochen Steffen, der Landesvorsitzende der SPD, spricht im „Skandia".
13. März	Kommunalwahl. Die Sitzverteilung in der neuen Ratsversammlung lautet: CDU 14, SPD 11, FDP 4, SSW 3, FWV 1 Sitz.
24. März	Die „Schleswiger Nachrichten" berichten über die geplante Fortsetzung der Ausgrabungen in Haithabu.
3. April	Diskussion im „Skandia" mit dem Bundestagsabgeordneten von Wrangel (CDU) und dem Landtagsabgeordneten Steffen (SPD).
8. April	Fernsehsendung über den Brüggemann-Altar.
13. April	Dr. Herbert Hase löste Dr. Carl Wehn im Amt des Bürgervorstehers ab.
25. April	Gastspiel des Düsseldorfer Kabaretts „Kom(m)ödchen".
30. April	Aufruf des Städtischen Verkehrs- und Touristbüros: Stadtführer und Privatquartiere werden gesucht.
2. Mai	Ein Storch nistet auf dem First des ehemaligen Gottorfer Amtshauses an der Gottorfstraße.
4. Mai	Ein Wohltätigkeitsfest zugunsten des Hallenbadbaus erbrachte 17 300,– DM.
7. Mai	Enthüllung des Denkmals auf dem Karberg für die Opfer des Zweiten Weltkrieges durch Ministerpräsident Dr. Lemke.
11. Mai	Die Höhere Landbauschule wird zur Ingenieurschule für Landbau.
15. Mai	Deutsch-dänische Optimisten-Regatta auf der Schlei. Vizemeisterschaft für die Fußballmannschaft von Schleswig 06 in der Amateuroberliga Schleswig-Holstein. Vor 4000 Zuschauern besiegt der VFR Neumünster die Schleswiger mit 0:4 auf dem Dr.-Alslev-Platz.
18. Mai	Bei einem Zusammenprall eines Triebwagens mit einem Lkw wurden 17 Personen verletzt.
27. Mai	Die Schleswiger Tennisdamen wurden zum sechsten Mal Landesmeister.
5. Juni	Beginn der Feierlichkeiten zum 100jährigen Bestehen der Freiwilligen Feuerwehr.
14. Juni	Der Zirkus Willy Hagenbeck gastiert in Schleswig.

29. Juni	Schleswig wurde von der Bundesregierung als Bundesausbauort anerkannt. Bundespräsident Lübke besucht die Nordfleisch AG.
2. Juli	Beginn der Schleiwoche. 80 Boote nehmen teil.
3. Aug.	Orthodoxer Kirchentag mit Gästen aus fünf Nationen in Schleswig.
8. Aug.	Richtfest für die Kirche in Friedrichsberg-Süd.
15. Aug.	Die Friedrichsberger Beliebung feiert nach alter Überlieferung ihr Jahresfest.
3. Sept.	Der Peermarkt beginnt. Gleichzeitig eröffnet das Landesmuseum eine Ausstellung „Welttheater auf Wanderschaft".
10. Sept.	Die Stadtbücherei stellt ihre Kinder- und Jugendbuchabteilung auf Freihandbetrieb um.
12. Sept.	Tag der Heimat. 800 Fackeln erleuchteten den Jahnplatz. Bundesminister Höcherl besuchte die Nordfleisch AG und das Butterwerk.
16. Sept.	Aus Kiel wird bekannt, daß das Kabinett bereits am 2. August beschlossen hat, ab 1968 nur noch einer Landesbühne einen Zuschuß zu geben, und daß das Kultusministerium bereits einen Tag später einen entsprechenden Erlaß herausgegeben hat. Mit dieser beunruhigenden Nachricht geht das Theater in die neue Spielzeit.
23. Sept.	Kreisausschuß und Magistrat berieten gemeinsam über einen Planungsverband „Schleswiger Umland". Dabei berichtete Landrat Dr. Kühl auch über die Pläne der vier Nordkreise, eine Wirtschaftsförderungs-GmbH zu gründen.
28. Sept.	Der Gottorfdamm erhielt eine Verschleißdecke. Die Arbeiten verursachten trotz präziser Vorbereitungen starke Verkehrsstockungen.
5. Okt.	Fünf Sinfoniekonzerte werden für die am 18. Oktober beginnende Konzertsaison angekündigt.
7. Okt.	In einer Versammlung der Bürgervereine richtet Stadtrat Dr. Beske einen Appell an das Land, das Schleswiger Theater zu erhalten. Die Versammlung schließt sich dem Appell nachdrücklich an.
8. Okt.	Im Kreistag wird die Frage diskutiert, wie die Schleischiffahrt attraktiver gemacht werden könne.
14. Okt.	Der Präsident der Landwirtschaftskammer, Peter Jensen-Ausacker, eröffnet das erste Semester an der Ingenieurschule für Landbau.
17. Okt.	Richtkronen über dem Kirchenneubau St. Michaelisgemeinde.
28. Okt.	Der CDU-Ortsverband schrieb einen offenen Brief an den Landesvorsitzenden, Ministerpräsident Dr. Lemke, in dem er sich für eine Erhaltung des Schleswiger Theaters einsetzt.
31. Okt.	100-Jahr-Feier der alten Schleswiger Husaren.
2./3. Nov.	Richtfest für die Schule Nord.
10. Nov.	Archäologische Tagung im Schloß Gottorf.
16. Nov.	Bei den Ausgrabungen in Haithabu werden Strafgefangene eingesetzt.
18. Nov.	Die SPD bekannte sich zur Erhaltung des Schleswiger Theaters.
25. Nov.	Richtfest für zwei neue Bettenhäuser im Landeskrankenhaus. Gesamtkosten: 2,9 Millionen DM. Der Beginn eines großen Sanierungs- und Erweiterungsprogramms für das Landeskrankenhaus.
28. Nov.	Die Propstei Schleswig erhielt einen neuen Propst. Bischof D. Wester führte Propst Reinhard von Kirchbach als Nachfolger für den verstorbenen Propst Grabow in sein Amt ein.
30. Nov.	Räumung des Burggrabens beendet. Schloß Gottorf ist wieder ein Wasserschloß.

9. Dez.	Dr. Ellgers Buch über den Dom erscheint.
17. Dez.	Der Fortbestand des Schleswiger Theaters ist gesichert. Der Kieler Kabinettsbeschluß vom 2. August wurde rückgängig gemacht.
20. Dez.	Die Ratsversammlung wählte Dr. Kugler einstimmig für weitere zwölf Jahre zum Bürgermeister.
30. Dez.	Der 375 m lange stählerne Überbau der Hasselholmer Brücke im dritten Bauabschnitt der Umgehungsstraße ist fertig montiert.

1967

2. Jan.	Die Landwirtschaftskammer teilt auf einer Pressekonferenz in Kiel mit, daß die Ingenieurschule für Landbau nach Rendsburg verlegt werden soll.
6. Jan.	In einem Schreiben an die Delegierten der Landwirtschaftskammer kritisiert die Stadt Schleswig die Verfahrensweise und die Argumentation der Kammer in der Standortfrage für die Agraringenieurschule.
9. Jan.	Mit zwei Gegenstimmen bestätigte die Hauptversammlung der Landwirtschaftskammer die Entscheidung des Vorstandes, nach der die Agraringenieurschule in Rendsburg einen Neubau erhalten wird. Damit sind die Würfel – gegen Schleswig – gefallen.
7. Febr.	6000 Liter Öl liefen auf die Straße, als ein großer Tanklastzug an der Hühnerhäuserkreuzung gegen eine Hauswand prallte.
15. Febr.	Die Schlei ist biologisch kein gesundes Gewässer mehr, erklärt Oberregierungbaurat Heym vor dem Friedrichsberger Bürgerverein.
23. Febr.	Ein orkanartiger Sturm richtet starke Schäden an Gebäuden und in den Forsten an.
24. Febr.	Der Bundesgerichtshof entscheidet: Die Schlei ist eine Seewasserstraße und damit Eigentum des Bundes.
7. März	An der Busdorfer Straße wird ein bewaffneter Raubüberfall gemeldet.
31. März	Das Kinderheim Plessenstraße wird aufgelöst.
6. April	Die Obermeister des Kreises beschließen den Bau von Lehrwerkstätten für etwa 900 Lehrlinge. Die Kosten sind mit 400 000,– DM veranschlagt.
7. April	Bundeskanzler Kiesinger spricht auf einer Wahlkundgebung der CDU. Bundesminister Dr. Stoltenberg erklärt, daß der Bundeswohnungsbauminister Mittel für die Altstadtsanierung bereitgestellt hat.
10. April	In nichtöffentlicher Sitzung beschließt die Ratsversammlung, den am 31. 7. 1968 auslaufenden Vertrag mit dem Intendanten des Nordmark-Landestheaters, Heinz Rippert, nicht zu verlängern. Der Posten wird ausgeschrieben.
12. April	Aus einem Flugzeug wird die Innenstadt fotografisch vermessen. Die gewonnenen Unterlagen sollen der Altstadtsanierung dienen.
17. April	Außenminister Brandt spricht auf einer SPD-Wahlkundgebung.
23. April	Kreispräsident Jürgen Thee wird im Wahlkreis Schleswig zum vierten Male in den Landtag gewählt. Die Stadtergebnisse: CDU 44,4%, SPD 35,3%, SSW 9,8%, NPD 5,4%, FDP 4,6%, DFU 0,4%.
26. April	Kampfschwimmer der Bundeswehr untersuchen im Rahmen einer militärischen Übung den Hafen von Haithabu. Die Taucher vermessen dabei den Palisadenzaun.
1. Mai	Die Kasernenanlagen des früheren Seefliegerhorstes erhalten den Namen „Kaserne auf der Freiheit".

27. Mai	Der Bau der Umgehungsstraße tritt in seine letzte Phase. Hinter dem Oberlandesgericht beginnt der Bau des Anschlußstückes zur Hasselholmer Brücke.
1. Juni	In diesem Monat beginnt der Einzug der einzelnen Abteilungen in das fertige Zweckverbandskrankenhaus, nachdem die Kinderabteilung bereits seit längerer Zeit in dem neuen Haus untergebracht ist.
3. Juni	Der Kirchenvorstand der Domgemeinde wählt als Nachfolger für Uwe Röhl, der als Professor und stellvertretender Direktor an die Schleswig-Holsteinische Musikakademie nach Lübeck berufen wurde, den Organisten Helmut Herrmann aus Unna.
18. Juni	Die Firma G. & G. Ihms feiert ihr 75-jähriges Jubiläum.
23. Juni	Bundeswohnungsbauminister Dr. Lauritzen unterrichtet sich über die Pläne zur Schleswiger Altstadtsanierung, die er „eine überzeugende Lösung" nennt.
25. Juni	Eröffnung der Schloßhofspiele 1967 mit Shakespeares „Was ihr wollt".
27. Juni	Eine über 400 Jahre alte Christusfigur, die im April von der Rückwand des Brüggemannaltars abmontiert und gestohlen worden war, konnte von der Kriminalpolizei wieder herbeigeschafft werden.
30. Juni	Die Stadt Schleswig hat 33 189 Einwohner.
8. Juli	Die Zuckerfabrik baut einen neuen Auslaugeturm für 1,5 Millionen DM. Die neue Anlage ist die zweitgrößte ihrer Art in der Bundesrepublik.
13. Juli	Geschäftsleute der Innenstadt gründen eine Parkplatzgemeinschaft und bereiten die Herrichtung des Parkgeländes in der Königstraße vor.
15. Juli	Start zur Schleiwoche 1967. Gemeldet sind etwa 100 Boote. Die Verkehrspolizei verzeichnet an diesem Sonnabend die größte Verkehrsbelastung der Saison. Von 9 bis 18 Uhr befahren rund 25 000 Kraftfahrzeuge den Gottorfdamm.
22. Juli	Die Lollfußer Schützengilde eröffnet ihr Schützenfest. Am 25. Juli tritt der neue König Friedrich May als „Friedrich der Frohe" sein Regiment an.
27. Juli	In der Standortbekleidungskammer in der Kaserne auf der Freiheit richtet ein Feuer einen Schaden an, dessen Höhe die Kriminalpolizei mit etwa 300 000,– DM angibt.
30. Aug.	Der neue Hochdruckkugelgasbehälter auf dem Öhr wird offiziell in Betrieb genommen. Der alte Niederdruckbehälter auf der Gaswerkhalbinsel wird zum Abbruch freigegeben.
2. Sept.	Beginn der „Begegnung mit Ungarn". Das Programm sieht eine Grafikausstellung, ein Kammerkonzert, ein Orgelkonzert, ein Gastspiel des Budapester Volkstanzensembles, eine Filmmatinée und eine Volkskunstausstellung vor.
6. Sept.	Am Karpfenteich ereignet sich ein schwerer Verkehrsunfall. Ein Pkw prallt frontal gegen einen Bus. Die Mitfahrerin erleidet tödliche Verletzungen.
13. Sept.	Das Präsidentenkloster am Stadtweg wird renoviert.
18. Sept.	In dieser Woche beginnt der Ausbau der Kreuzung Hühnerhäuser.
19. Sept.	Zwei sowjetische Wissenschaftler besuchten dieser Tage das Schleswig-Holsteinische Landesmuseum für Vor- und Frühgeschichte.
23. Sept.	Das Schwere Pionierbataillon 718 baut aus Anlaß seines 10jährigen Bestehens eine über 1 km lange Brücke über die Schlei.
26. Sept.	Der Kreis Schleswig besteht 100 Jahre.
29. Sept.	Die Schleswiger Umgehungsstraße ist fertig. Landesverkehrsminister Knud Knudsen durchschneidet gegen 18 Uhr das Band und gibt die Straße damit für den Verkehr frei. Die gesamte 7,9 km lange Umgehungsstraße hat 39 Millionen DM gekostet.
30. Sept.	Die Schleswiger Freimaurerloge „Carl zur Treue" feiert ihr 100-jähriges Jubiläum.

5. Okt.	Polizei und ADAC berichten über ihre ersten Erfahrungen auf der Umgehungsstraße. Unfallgefahren: Wind und Glatteis.
6. Okt.	Ein siebenjähriges Kind wurde vor einigen Tagen beim Spielen im Sand von einer Ratte gebissen und mußte zum Arzt gebracht werden. Seitdem ist das Thema Rattenplage in Schleswig wieder auf der Tagesordnung.
15. Okt.	In einem Festgottesdienst mit Oberkirchenrat Schwarz wird das neue Gotteshaus der St.-Michaelis-Gemeinde an der Husumer Straße als „Auferstehungskirche" geweiht.
17. Okt.	Der zweite große Sturm des Jahres. Erneut werden zahlreiche Gebäudeschäden gemeldet. Der Strom fällt in Schleswig für etwa 5,5 Stunden aus.
18. Okt.	36 Jungen und Mädchen der Bugenhagenschule beginnen ein einwöchiges Betriebs- und Sozialpraktikum. Es ist dies der erste Versuch in Schleswig. Propst v. Kirchbach weiht die neue Kirche in Friedrichsberg als „Friedenskirche".
30. Okt.	Mit großer Mehrheit wählt die Stadtvertretung den Cuxhavener Theaterleiter Toni Graschberger zum neuen Intendanten des Nordmark-Landestheaters.
31. Okt.	Bischof Wester tritt in den Ruhestand. 1947 hatte er das Amt des Bischofs für Schleswig übernommen.
26. Nov.	Die Kriminalpolizei kann einen jungen 21jährigen Mann festnehmen, der unter dem Namen „Roy Clark" einen Bombenanschlag auf den Bahnhof angekündigt hatte.
12. Dez.	Der neue Bischof für Schleswig, Alfred Petersen, wird im Dom in sein Amt eingeführt.
22. Dez.	Kreistagsabgeordneter Hartung teilt mit, daß die Moltkekaserne jetzt vollständig von Flüchtlingen geräumt ist und wieder an die Bundesvermögensstelle Flensburg zurückgegeben werden konnte.

1968

4. Jan.	„Ravens Hotel" öffnet zum letzten Male seine Pforten: Das Inventar wird versteigert.
15. Jan.	Ein starker Sturm reißt große Löcher ins Domdach.
5. Febr.	Die Ratsversammlung beschließt mit 25 gegen 2 Stimmen den Ankauf der „Schleihalle". Das Gebäude soll abgerissen und das Gelände zum Ausbau der Schleistraße herangezogen werden. Bürgermeister Dr. Kugler teilt vor der Ratsversammlung mit, daß der Wirtschaftsminister eine Verlagerung der Stückgutabfertigung von der Altstadt zum Friedrichsberg abgelehnt hat. Damit sind die Pläne der Stadt, die Schleibahn eines Tages stillegen zu können, durchkreuzt.
7. Febr.	Die Stadt schreibt die ersten Arbeiten für den Bau des Hallenschwimmbades aus.
10. Febr.	Kreispräsident Thee kündigt beim „Landwirtschaftlichen Ball" in Haddeby den Plan an, eine „Stiftung Haithabu" ins Leben zu rufen.
15. Febr.	Übergabe der „Schleihalle" an die Stadt. Die Möglichkeit eines Hotelneubaus auf dem Restgrundstück wird diskutiert.
29. Febr.	40–50 Jugendliche demonstrieren gegen den Krieg in Vietnam.
15. März	Vier- bis fünftausend Bauern demonstrieren in Schleswig und fordern „Gerechtigkeit auch für die Bauern".

15. März	„Die studentische Opposition muß sich entscheiden: Entweder eine harte demokratische Kritik oder ‚rationale' Gewalt, die sich über Ordnung und Gesetz hinwegsetzt", fordert Bundesminister Dr. Stoltenberg in einem Vortrag in Schleswig.
23. März	In diesen Tagen zog das JAW (Grundlehrgang Metall) von seiner bisherigen Unterkunft beim Luisenbad in den Plessenhof um.
28. März	Das in Schleswig stationierte Kommando der 7. Luftwaffendivision wird aufgelöst.
2. April	Der Dom wird eingerüstet: Beginn der Arbeiten zur Sicherung des Daches.
8. April	Einstimmig beschließt die Ratsversammlung die Aufstellung eines qualifizierten Bebauungsplanes für das Gebiet des Stadtweges. Der Beschluß steht im Zusammenhang mit den im letzten Vierteljahr lebhaft diskutierten Überlegungen um eine Ladenstraße.
25. April	In diesen Tagen beginnt der Abbruch der „Schleihalle". Einer der Häftlinge, die bei den Ausgrabungen in Haithabu eingesetzt wurden, ist flüchtig.
12. Mai	Das Landesmuseum eröffnet cinc Ausstellung „Romantischer Realismus" mit Werken von Basedow, Radziwill und Ende.
18. Mai	Der Aero-Club Schleswig weiht seinen neuerbauten Flugplatz an der B 76 bei Kropp ein.
26. Mai	Die Stückgutabfertigung am Bundesbahnhof wird geschlossen. Alle Aufgaben, die bisher im Friedrichsberg für den Stückgutverkehr wahrgenommen wurden, gehen auf die Güterabfertigung Schleswig-Altstadt über.
4. Juni	Beginn eines einwöchigen Kongresses der Altertumsforscher aus dem ganzen Bundesgebiet.
12. Juni	Die Studenten der Ingenieurschule für Landbau beschließen einen unbefristeten Vorlesungsstreik.
17. Juni	Tag der Deutschen Einheit im Stadttheater. Die Gedenkstunde findet erstmals abends statt.
19. Juni	Das Landesmuseum besteht in diesen Tagen 20 Jahre im Schloß Gottorf. Es unterstreicht dieses Jubiläum mit der Neueinrichtung zweier ständiger Ausstellungen.
24. Juni	Die Schleswiger Ingenieurstudenten setzen ihren Streik aus.
26. Juni	Unbekannte Täter stahlen bei einem nächtlichen Einbruch in ein Juweliergeschäft Uhren und Uhrarmbänder im Wert von etwa 5000,– DM.
30. Juni	Die Ligamannschaft von Schleswig 06 wird mit einem 2:0-Sieg über den VfB Kiel diesjähriger Pokalmeister.
13. Juli	Eröffnung der fünften Schloßhofspiele. Der scheidende Intendant Heinz Rippert hat Shakespeares „Zwei Herren aus Verona" inszeniert. Die für den 13. und 14. Juli ausgeschriebene Schleiwoche fällt aus. Das Nennungsergebnis war nicht ausreichend. Lediglich das Jugendseglertreffen vom 17. bis 19. Juli wird stattfinden. Es sind 135 Teilnehmer gemeldet.
14. Juli	Eröffnung der Ausstellung Duwe/Engler/Schaeuble im Landesmuseum.
24. Juli	Um 20.50 Uhr fällt der Königsschuß beim Schützenfest der St.-Knuds-Gilde. König „Hans der Besonnene" tritt als Nachfolger „Detlefs des Sonnigen" die Regentschaft an.
28. Juli	Die Jungfernfahrt und erste Mondscheintour der „Schleistadt Schleswig" auf der Schlei endet mit einer Strandung bei Lindaunis.
14. Aug.	Ein Fahrgast der „Schleistadt Schleswig" fällt gegen Mitternacht über Bord und ertrinkt.

25. Aug.	Im Luisenbad ertrinkt ein 18jähriger Jugendlicher.
31. Aug.	Peermarkt-Eröffnung.
1. Sept.	Die Bauarbeiten für das Postamt 2 im Friedrichsberg haben begonnen. Auf dem Grundstück Bahnhofstraße 8 entstehen ein neues Annahmepostamt und eine Ortsvermittlungsstelle.
5. Sept.	Innenminister Dr. Schlegelberger kündigt bei einem Besuch in Schleswig den Bau des geplanten neuen Polizeidienstgebäudes in der Friedrich-Ebert-Straße für 1969 an.
12. Sept.	Einweihung der Lehrwerkstätten des Handwerks am Holmer Noorweg.
17. Sept.	Der Generalunternehmer für den Hallenbadbau, die Bremer Montagefirma „Deumo 2000", beginnt mit der Einrichtung der Baustelle. Eine Sachverständigenkommission übergibt ihr Gutachten über eine lokale und regionale Neuordnung der Verwaltung in Schleswig-Holstein dem Innenminister. Für den Kreis Schleswig sieht das sogenannte Loschelder-Gutachten erhebliche Gebietsveränderungen vor: Zusammenlegung mit Eckernförde, Abgabe von Kappeln, Satrup und Stapelholm. Die Vorschläge des Loschelder Gutachtens bestimmen in der Folgezeit in großem Maße die kommunalpolitische Diskussion.
21. Sept.	Unter der neuen Intendanz von Toni Graschberger beginnt die Theaterspielzeit 1968/69 mit Camus' Schauspiel „Belagerungszustand". Außerordentlicher Landesparteitag der SPD in Schleswig mit einer dramatischen Satzungsdebatte. Die Firma Heinrich Dehn begeht ihr 150jähriges Jubiläum. Die Pestalozzi-Schule zieht von der „Brücke" um in das für sie neu hergerichtete Gebäude der ehemaligen Lollfußer-Mädchenschule.
3. Okt.	Die Volkshochschule eröffnet mit einem Vortrag von Dr. Huber, Berlin, ihren neuen Lehrabschnitt und kann gleichzeitig einige neue Räume in der „Brücke", die durch den Auszug der Pestalozzischule freigeworden sind, übernehmen.
7. Okt.	Die Kreisgruppe des Deutschen Paritätischen Wohlfahrtsverbandes eröffnet ihren Mahlzeitendienst für Alte und Kranke. Die Aktion steht unter dem Motto „Essen auf Rädern".
11. Okt.	Junge Union und Jungsozialisten fordern den Ministerpräsidenten in einem offenen Brief auf, sich für eine Herabsetzung des Wahlalters einzusetzen.
24. Okt.	Aus dem Landesbauamt verlautet, daß aus Kiel „grünes Licht" zum Bau der neuen Gebäude für die Landesgehörlosenschule auf dem Gelände des Liliencronparks gegeben worden ist.
25. Okt.	Das Küstenminensuchboot „Schleswig" läuft aus Anlaß seines 10jährigen Geburtstages den Hafen seiner Patenstadt zu einem mehrtägigen Besuch an. Der 25. Oktober ist der Stichtag für eine Zählung aller Gebäude und aller Wohnungen. Das Ergebnis: 4674 Gebäude mit wenigstens einer Wohnung; 11 301 Wohnparteien.
29. Okt.	Der Magistrat hat dieser Tage die Verlängerung des Schwarzen Weges ausgeschrieben. Das ist praktisch das Startzeichen für die Verwirklichung der Altstadtsanierung.
30. Okt.	Die beiden neuerbauten 70-Betten-Häuser des Landeskrankenhauses werden offiziell ihrer Bestimmung übergeben. Innenminister Dr. Schlegelberger kündigt weitere Neubauten für das Landeskrankenhaus an.
4. Nov.	Das neue Domizil der Pestalozzischule in der Lutherstraße wird offiziell seiner Bestimmung übergeben.

6. Nov.	Herbsttagung des Kreislehrervereins. Thema: Gesamtschule. – Die Alternative „Kieler Modell" oder Gesamtschule ist das schulpolitische Thema dieses Jahres.
12. Nov.	Die Stadt läßt die Kanalisation im Lollfuß, im Stadtweg und in der Faulstraße filmen. Die „Kanalfilmer" nehmen in diesen Tagen ihre Arbeit auf.
17. Nov.	In einer Feierstunde aus Anlaß des Volkstrauertages werden am Ehrenmal am Rosengarten Kränze niedergelegt. Demonstranten „stören den Volkstrauertag"; gegen zwei junge Männer wird deshalb von der Polizei Anzeige erstattet.
19. Nov.	Der Leiter der Haithabu-Grabung, Dr. Schietzel, teilt in einer Versammlung mit, daß im Zusammenhang mit der Altstadtsanierung in den nächsten Jahren eine archäologische Stadtkernuntersuchung großen Stils unter Mitarbeit internationaler Forschergruppen durchgeführt wird.
21. Nov.	Mitarbeiter des Anthropologischen Instituts der Universität Kiel beginnen mit ihren wissenschaftlichen Grabungen auf dem Gelände des ehemaligen Domfriedhofs (Liliencronpark). Sie suchen Belege zur schleswig-holsteinischen Bevölkerungsgeschichte.
23. Nov.	Thema der Delegiertenkonferenz des DGB-Kreises Schleswig-Eckernförde: „Mitbestimmung".
30. Nov.	Die CDU-Kreisverbände Schleswig und Eckernförde nominieren Bundesminister Dr. Stoltenberg wieder als ihren Kandidaten für die Bundestagswahl 1969.
2. Dez.	Verwaltungsrat Dr. Christiansen gibt die Fremdenverkehrsbilanz 1967/68 bekannt: Schleswigs Hotels hatten weniger Übernachtungen. Der Rückgang wird mit dem kleineren Bettenangebot erklärt.
4. Dez.	Der Elternbeirat der Domschule beschließt Raucherlaubnis für die Ober- und Unterprimaner.
10. Dez.	Die „Neue Heimat" schließt mit einem symbolischen Richtfest ihr Bauvorhaben am Domziegelhof – 85 Wohnungen – ab.
13. Dez.	Jugendliche Demonstranten versperren den Zugang zu den Friedrichsberger Lichtspielen, in denen der amerikanische Vietnam-Film „Die grünen Teufel" gezeigt wird. Es kommt zu handgreiflichen Auseinandersetzungen mit der Polizei.
16. Dez.	Die Ratsversammlung verabschiedet den Etat 1969. „1969 wird ein Baujahr ohne Beispiel".

Bildnachweis

Städtisches Museum (Dohse): 23–27, 29–37, 39–58, 60–64, 73, 76–81, 83, 84, 89–92, 102, 133, 148–150.

Städtisches Museum (verschiedene Bildautoren): 4, 6, 7, 38, 65, 120, 132, 135, 154.

Nagel, Schleswig: 68–70, 72, 82, 85–88, 93–101, 105–107, 109–111, 113, 114, 116–119, 121–131, 134, 136–147, 151–153, 155–158, 161–163.

Privat: 2, 8, 13, 19–21, 71, 159, 160.

Dansk Bibliotek, Flensburg: 1, 3, 5, 9–12.

Schleswig-Holsteinisches Landesmuseum, Schleswig: 66, 67, 74, 75, 112.

Stadtarchiv: 22, 28, 103, 104, 115.

W. L. Christiansen, Flensburg: 14–16.

Archäologisches Landesmuseum, Schleswig: 17, 18.

Stadtsparkasse, Schleswig: 59.

Pionierbataillon 620, Schleswig: 108.

Inhalt

Vorwort 5

Reimer Möller
Anmerkungen zur politischen, wirtschaftlichen und kulturellen
Entwicklung Schleswigs von 1945 bis 1968 7

Bildteil 19

Chronik 1963–1968 121

Bildnachweis 134

Außerdem erschienen:

Theo Christiansen

Schleswig und die Schleswiger

1945–1962

156 Seiten, Leinen (ISBN 3-88042-402-0)
Husum Druck- und Verlagsgesellschaft

Dieses Buch behandelt die jüngste Geschichte der Stadt Schleswig – einen Zeitabschnitt also, den viele Bürger miterlebt und zum Teil politisch, gesellschaftlich und vor allem auch kulturell mitgestaltet haben. In diese Jahre fallen Kapitulation und demokratischer Neubeginn, Währungsreform und Eingliederung der Heimatvertriebenen – 1962 war diese Entwicklung abgeschlossen, waren in der neugewählten Ratsversammlung die Weichen für die Zukunft der Stadt gestellt, waren Bauvorhaben, die Schleswig bis heute prägen, geplant und teils bereits begonnen. Aufgabe dieses Bandes soll es sein zu schildern, wie die Schleswiger die Herausforderung der Zeit angenommen haben, wie die Stadt sich entwickelte und welche größeren und kleineren Ereignisse in ihr stattfanden. Theo Christiansens Begabung, geschichtliche Vorgänge anschaulich und lebendig darzustellen, zeigt sich auch in diesem Band, der auf genauem Quellenstudium, Gesprächen mit Schleswigern und nicht zuletzt auf eigener Erfahrung des Autors beruht.